AF556579
Barbie
Gitta will zum Film
HIER IS Barbie
Hotelboy Sabine
BARBIE
Warum so schnippisch IRENE?
Fliug-Stewardess
Schwesternschülerin Ortrun
Gitta will zum Film
REPORTERIN IRENE
Hotelboy Sabine
HIER IS Barbie

Gewidmet unseren Eltern
Hildegard und Philipp Krieg
Brigitte und Harry Gehlhaar

Karin Schrey
Bettina Dorfmann

Busy Girl
Barbie macht Karriere

Barbie im Einsatz:
Fire Rescue (1994)

Vorwort zur 3. Auflage

Das Buch »Busy Girl – Barbie macht Karriere« begleitet seit zwanzig Jahren eine Ausstellung. Nein, es geht nicht um die Barbiepuppe, das damals noch vielfach verfemte Puppenmodell. Es geht um Mentalitätsgeschichte. Mit diesem Vorwort zur 3. Auflage möchte ich das konzeptionelle Umfeld der Ausstellung beschreiben.

In den 70er Jahren kamen die vielen regionalen Museen in den Genuss angemessener Räumlichkeiten und wissenschaftlicher Leitung. Die Sammlungen hier sind meist klein mit einem lokalen Bezug und eignen sich deshalb nicht für eine stilgeschichtliche Ableitung und eine entsprechend ausgerichtete Präsentation, wie es in den großen klassischen Museen der Fall ist. Auch das Ratinger Museum machte diese Entwicklung durch. In großzügigen Räumlichkeiten bot sich die Gelegenheit für die Neugestaltung der einzelnen Abteilungen. Besonders eignete sich die Puppen- und Spielzeugsammlung Saddeler, Mentalitätsgeschichte in Szene zu setzen. Über die Stilgeschichte der Porzellankopfpuppen des 19. Jahrhunderts hinaus wurde das Kinderleben explizit der Kaiserzeit dargestellt. Modepuppen gehörten zur Funktionsgeschichte der alten Porzellankopfpuppen, die in damaligen Schneidereien als Modelle gebraucht wurden.

In den 1980er Jahren bestand ein reges Interesse an Porzellankopfpuppen, die nicht nur eifrig gesammelt, sondern gerne auch als Kopien selber hergestellt wurden. Dies war auch in Ratingen der Fall, wo an der Volkshochschule Kurse und Vorträge zum Thema angeboten wurden. Ein wesentlicher Motor dieser Szene war Karin Schrey. Sie kannte sich nicht nur gut mit den praktischen Umständen der Puppenherstellung aus, sondern beleuchtete auch die historischen und funktionalen Aspekte, wie die Entwicklungsgeschichte der Spielpuppe und die Funktion des Spielzeugs in der Erziehung. Mit ihr war eine ideenreiche, tatkräftige Museumspädagogin zur rechten Zeit am rechten Ort. Sie war maßgeblich beteiligt an der Konzeption und Präsentation der Sammlung Saddeler für eine zukunftsfeste Symbiose mit dem Museum und seinen methodischen Ansätzen. In der Folgezeit übernahm sie auch die Betreuung der anderen Ausstellungsbereiche. Ihr Engagement galt besonders den Kindern, die sie an

Hand einer Leitfigur durch die verschiedenen Ausstellungsbereiche führte. Bei der Sammlung Saddeler war es *Luise*, in der Porzellanfiguren-Sammlung war es Johann Peter Melchiors *Knabe mit dem Vogelnest im Arm*. Als *Melchiors Michel und seine Reise in die heutige Zeit* fand er 1997 auch Eingang in ein von Karin Schrey verfasstes Kinderbuch, das Wesentliches über den Herstellungsprozess der Figuren, ihre Funktion und ihre Geschichte anschaulich macht.

Als das Museum in den 90er Jahren die hier verfolgte Mentalitätsgeschichte um Erkenntnisse der aktuellen Hirnforschung erweiterte, übernahm Karin Schrey ebenso die entsprechende Betreuung der Museumsbesucher. Mit dem von Ned Herrmann entwickelten Dominanzmodell , das auf der Theorie der vierfachen Struktur des Gehirns fußt, lassen sich mentale Unterschiede verschiedenster Art erklären und im Museumsbereich sowohl für die Rezeptionsgeschichte sowie für die persönliche Befindlichkeit der Besucher nutzen.
Wie die Erhebungen von Ned Herrmann ergaben, setzt sich die Menschheit sowohl aus Personen mit eindeutigen Präferenzen und einer Vielfalt an Mischtypen zusammen. Die Berufstypen in unserer westlichen Gesellschaft zeigen hier auffallende Merkmale: Präferenzen im A-Quadrant haben Ingenieure, Anwälte oder Finanzmanager, im B-Quadranten Verwalter, Buchhalter oder Betriebsplaner, im C-Quadranten Sozialarbeiter, Krankenschwestern oder Lehrer und im D-Quadranten Künstler, Unternehmer oder strategische Planer. Auch die verschiedenen Kulturen zeichnen sich durch unterschiedliche Präferenzmuster aus, was zu Missverständnissen führen kann, wenn man dieser Tatsache nicht Rechnung trägt.

Für den mentalitätsgeschichtlichen Ansatz des Museums in Ratingen war das Dominanz-Modell schon bei der Ausstellung *Indianer, Mythos und Wirklichkeit der Lakota* (1992) eine große Bereicherung, konnten wir mit Hilfe dieses Modells nicht nur die Andersartigkeit der Indianerkultur Nordamerikas beschreiben und erklären, sondern auch bei den Besuchern ein neues Interesse an unseren Mitbürgern ausländischer Herkunft wecken. Ein Phänomen, das sogar bei Kindergartenkindern zu beobachten war.

Über Karin Schreys Artikel in einschlägigen Fachzeitschriften fand Bettina Dorfmann, die inzwischen weltbekannte Sammlerin von über 18.000 Barbie-Puppen, zum Museum nach Ratingen. Karin Schrey erkannte

schnell die Möglichkeit, aus dieser Sammlung mit eben dem im Museum vertretenen Ansatz ein Ausstellungsprojekt zu entwickeln. Bei einem Besuch bei der Sammlerin hatte sie festgestellt, dass diese Puppe in ihrer ganz eigenen Welt eine fantastische Möglichkeit bot, Geschichte darzustellen!
Sie entdeckte Barbie nicht nur als Modepuppe in zeitgenössischem Gewand, sondern auch als Protagonistin eines feministischen Themas.

Obwohl damals die Puppe sehr kritisch gesehen wurde, ging unser Ausstellungskonzept unter vielen Mitbewerbern als Gewinner der Ausschreibung des Ministeriums für Städtebau und Wohnen, Kultur und Sport des Landes Nordrhein-Westfalen hervor und wurde zudem vom Kultursekretariat NRW Gütersloh finanziell unterstützt.

Mit Karin Schreys Recherchen zur Geschichte der weiblichen Berufstätigkeit sowie Bettina Dorfmanns Kenntnissen über die Barbiepuppe entstand eine Wanderausstellung, die sechs Stationen haben sollte. Die erste Station war unser Museum. Im Erdgeschoss wurden in Szenen mit Barbiepuppen Alltagssituationen unterschiedlicher Berufs- und Lebensräume dargestellt. Alle Informationen stehen auf den reich bebilderten großen Stofffahnen, auf denen die jeweiligen Themenbereiche erläutert werden; sie folgen den Texten aus dem Begleitbuch zur Ausstellung. Damit wurde hier das gleiche Konzept verfolgt wie in der Ausstellung zur Geschichte der Kindheit in der Kaiserzeit im ersten Stock des Museums. Die Besucher konnten beim Gang durch beide Ausstellungen die Entwicklung vom traditionellen Rollenbild für Frauen bis zur selbstbewussten berufstätigen Frau verfolgen.

Ergänzt wurde die Ausstellung durch das Hirnpräferenzenmodell nach Herrmann, wobei die Möglichkeit gegeben war, an Hand eines Abfragebogens sein eigenes Profil zu ermitteln und mit seiner Berufswahl abzustimmen. Es sollte entsprechend begabte Mädchen ermutigen, sich auch Berufen zuzuwenden, die nicht dem traditionellen Frauenbild entsprechen. Und mancher Besucher konnte endlich sein Unbehagen in dem nicht wirklich zu ihm passenden Beruf erkennen.

Das Konzept ging auf, der Erfolg gab uns Recht. Doch niemand von allen Beteiligten hätte sich damals träumen lassen, dass wir mit dieser Ausstellung ins Guinness Buch der Rekorde kommen würden. Und

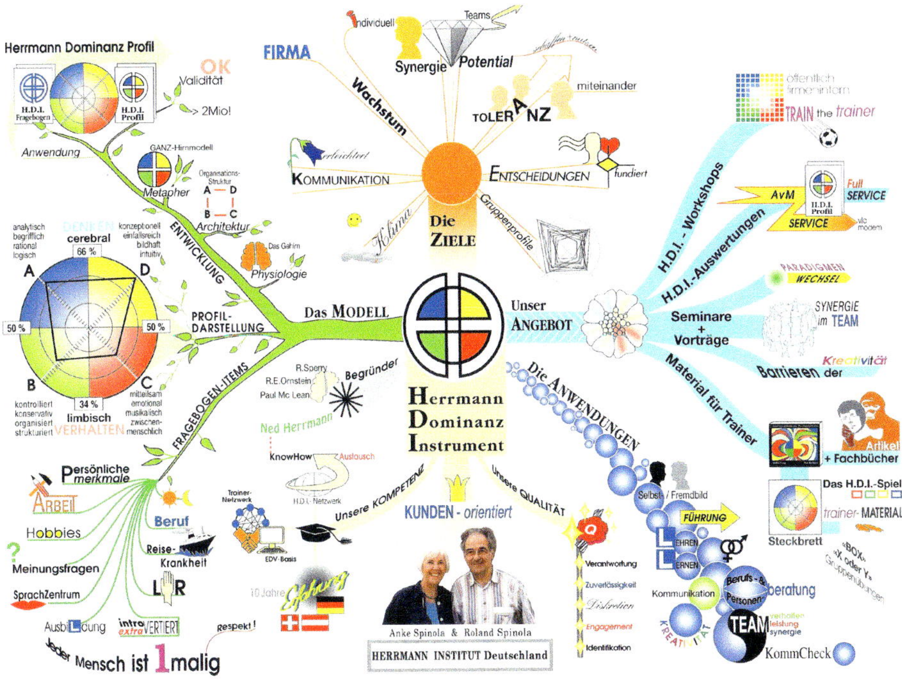

Ned Herrmann-Modell, Kreativität und Kompetenz, (1989)

dass das im Arachne Verlag erschienene Begleitbuch zur Ausstellung die dritte Auflage erleben würde. Leider hinkt die Realität immer noch hinterher. Barbies Karriere vollzog sich schneller. Damals, 2003, bei unseren ersten Recherchen zählte das Statistische Bundesamt 17.901.000 erwerbstätige Frauen, d. h. dass 58% aller Frauen im berufsfähigen Alter in Deutschland berufstätig waren, der überwiegende Teil in traditionellen Frauenberufen mit geringerem Einkommen und wenig Aufstiegschancen. In den 50er Jahren waren die Traumberufe der jungen Mädchen Mannequin, Filmstar, Schlagersängerin, Fernsehansagerin – realitätsfremde Wunschvorstellungen, die mit der Wirklichkeit nicht zu vereinbaren waren.
Doch wie wir betroffen feststellen müssen, hat sich an dieser Situation nach nunmehr 30 Jahren nicht viel geändert. Laut Statistischem Bundesamt gab es 2022 in Deutschland 19,3 Millionen erwerbstätige Frauen.
Besonders hoch ist der Anteil der älteren Frauen zwischen 60 und 64 Jahren. 64,1% der deutschen Mütter gehen arbeiten. Immer noch sind Frauen überwiegend in sozialen Berufen und im Dienstleistungssektor beschäftigt. Und immer noch werden sie schlechter bezahlt als ihre Kollegen: Der sog. Gender Pay Gap liegt bei 18%. Die 2022 nach wie vor häufigsten Ausbildungsverträge junger Frauen sind die gleichen wie 2003:

medizinische bzw. zahnmedizinische Fachangestellte (Arzthelferin), Verwaltungsfachangestellte, Kauffrau im Einzelhandel (Verkäuferin), Industriekauffrau, Friseurin – immer noch der häufigste Handwerksberuf für Frauen. Und wie sieht es bei den Traumberufen heute aus? Die beliebtesten Berufe sind Ärztin, Krankenschwester, Unternehmerin, Anwältin, Architektin – aber auch die Stewardess ist, wie 1959, vertreten. Der bestbezahlte Beruf für Frauen ist der der Fondsmanagerin. Dabei liegt der Frauenanteil in den Führungsetagen nur bei ca. 29% (2022); im EU-weiten Vergleich ist das für Deutschland Platz 21! In den Topetagen der 160 DAX-Unternehmen sowie der 23 im regulierten Markt notierten, voll mitbestimmten Firmen liegt der Frauenanteil bei 17,1%. In den Forschungsabteilungen deutscher Unternehmen ist der Frauenanteil besonders gering, und nur 11,7 % der C4-Stellen sind von Professorinnen besetzt.
Unter diesen Voraussetzungen wird die Ausstellung noch eine Zeitlang weiter wandern müssen. Vielleicht könnte das Herrmann-Dominanzmodell Hilfestellung bieten. Oder der neue Kinofilm entfaltet eine heilende Wirkung.
Quasi ganz nebenbei hat die Ausstellung geholfen, das Image der Puppe zu verbessern. Denn Puppen sind als Rollenspielzeug zu allen Zeiten in erster Linie eines: Spiegel der Epoche, in der sie entstehen. Sie bilden die Wirklichkeit schemenhaft ab. An den Menschen ist es, diese, falls erforderlich, zu ändern.

Zur 3. Auflage des Ausstellungsbegleitbuches möchte ich dem Arachne-Verlag gratulieren und mich für seinen steten Einsatz für das Museum der Stadt Ratingen bedanken. Ebenfalls bedanken möchte ich mich bei der Autorin Karin Schrey, mit der ich meinen wissenschaftlichen und museumspädagogischen Ansatz vielfältig umsetzen konnte. Außerdem stellte sie Teile ihrer eigenen Barbie-Sammlung für die Ausstellung zur Verfügung und beschaffte dem Museum die Bild-Lilli, die Urmutter aller Barbies. Und natürlich sei Bettina Dorfmann genannt, die mit ihrer grandiosen Barbie-Sammlung die Idee der Ausstellung ersichtlich gemacht und weite Teile ihrer Sammlung beigesteuert hat.

Dr. Ursula Mildner
(Ehem. Leiterin des Museums der Stadt Ratingen)

Vom deutschen Fräuleinwunder zum amerikanischen Traum

Aus Lilli wird Barbie

Küche contra Karriere

Aus Lilli ...

Barbies Erfolgsstory begann mit einer Zeitungsente und dem Karikaturisten Reinhard Beuthin, der am 24. Juni 1952 den Auftrag bekam, eine Lücke in der BILD-Zeitung mit einem Cartoon zu füllen. Nach einigen Versuchen entschied er sich für die Karikatur einer jungen, blonden Frau mit Pferdeschwanz, die einem bis dahin in Deutschland unbekannten Frauentyp entsprach: allein lebend, mode- und selbstbewusst, mit einer freien Moral, die im prüden Nachkriegsdeutschland schokkierte. Und doch wurde dieFigur, die Beuthin »Lilli« nannte, schlagartig zum Liebling der Leser, die über ihre kessen Sprüche schmunzelten.

Lilli verkörperte die unabhängige junge Frau, frei von überkommenen Vorstellungen. Ihre ganze Erscheinung war eine einzige Absage an die verlogenen Ideale des Naziregimes. Sie war die perfekte Identifikationsfigur für junge Mädchen, die anders sein und anders leben wollten als ihre Mütter. Sie sammelten die Cartoons und imitierten ihre Frisur. Die Entscheidung, Lilli als Puppe herstellen zu lassen, erscheint demnach als logische Konsequenz. Und doch wandte sich die Lilli-Puppe zunächst an eine erwachsene Käuferschicht. Sie wurde, in verschiedene Kostüme gekleidet, in einem Klarsicht-Zylinder mit einer Miniatur-Ausgabe der Bild-Zeitung verkauft.

Abbildungen

Seite 11 (von links):

Die Bild-Lilly (29 cm) – hier in originalem Outfit – wurde von 1955 bis 1964 produziert. Aus ihr entwickelte sich die Barbie – hier eine Ponytail Nr. 6 (29 cm) aus dem Jahr 1963.*

Alle mit * gekennzeichneten Typen werden auf Seite 102 erklärt (vgl. Anmerkungen).

Unten:

In der Bild-Zeitung erschienen regelmäßig Lilli- Catoons des Karikaturisten Reinhard Beuthin

Seite 13:

Werbung für einen neuen Frauentyp im prüden Nachkriegsdeutschland

... WIRD BARBIE

Der Text dazu spricht eindeutig Erwachsene an – und zwar in erster Linie männliche: »Auf Sie habe ich schon lange gewartet«, »Achten Sie bitte auf meine Beine!« Kein Wunder also, dass Lilli aus den meisten Kinderzimmern der 50er Jahre verbannt war. Sie war ganz und gar nicht der Umgang, den sich verantwortungsvolle Mütter für ihre Kinder wünschten. Auch ihre ausgeprägten weiblichen Formen rückten Lilli in gefährliche Nähe amerikanischer »Sexbomben«. Ihre offensichtliche Erotik wurde als zu gefährlich für Kinder angesehen. Lilli wurde deshalb in 29 cm Größe als Partygeschenk für Erwachsene gekauft, in 18 cm Größe baumelte sie bevorzugt als Maskottchen an Rückspiegeln von Opel Rekord und Kapitän. Nur wenige Kinderhände werden mit ihr gespielt haben. Die amerikanische Unternehmerin Ruth Handler schaffte es schließlich, die Puppe fast unverändert zu belassen und sie dennoch in ein unbedenkliches Kinderspielzeug zu transformieren. Sie hatte Lilli auf der Suche nach einer Puppe mit erwachsenen Formen gefunden. Es gab damals genügend Puppen, aber keine, die wie Erwachsene aussahen und geeignet waren, deren Leben im Rollenspiel nachzuspielen. Dabei sind solche Figuren vermutlich sogar die ersten Puppen gewesen, mit denen Kinder jemals gespielt haben. In römischen Kindergräbern fand man weibliche Figuren aus Terrakotta, die einen Busen und bewegliche Glieder besaßen.

Die große Zeit der Modepuppen kam jedoch in der Zeit der Renaissance. Dem Körper des Menschen und seinen Proportionen wurde nicht nur in der bildenden Kunst enorme Beachtung geschenkt. Das Bürgertum erwarb sich ein bis dahin unbekanntes Selbstbewusstsein, dem die Mode der Zeit den entsprechenden Rahmen verlieh. Die Kleiderschnitte wurden raffinierter. Die kostbaren Stoffe kamen aus Italien – doch erfunden wurde die Modepuppe in Frankreich. Dorthin sandte im 14. Jh. eine englische Königin die Bitte, man möge sie über die aktuelle Mode informieren.

Modezeitschriften gab es noch nicht, auch die im 19. Jh. so beliebten Modekupfer waren noch unbekannt. Also schuf man eine Puppe mit einer kompletten Garderobe und schickte sie auf die Reise. Die Modepuppe war geboren. Die frühen Exemplare waren meist aus Holz geschnitzt, hatten Gesichter aus Holz

Porzellanpuppe mit Trousseau, Thüringen 1880 (Privatbesitz, München)

oder Wachs und waren kostbar gekleidet. Auf die Erziehung zur Schönheit wurde in der Ausbildung der jungen Mädchen viel Wert gelegt.
Modepuppen waren auch pädagogische Hilfsmittel, die der jungen Frau durch Anschauungsunterricht ein Gefühl für »Stil« vermittelten. An den Puppen lernte das junge Mädchen die Gesetzmäßigkeiten, die es später auf seine eigene äußere Erscheinung anwandte. Ihr Nachteil war, dass sie sehr teuer waren und, da die Mode sich rasch wandelte, von zeitlich begrenztem Wert. Da kamen um 1790 Modepuppen aus Papier auf, die man ausschneiden und mit ihrer gemalten Garderobe bekleiden konnte. Dieses Spielzeug begeistert bis heute kleine Mädchen.

Barbie und alle mit ihr verwandten Modepuppen stehen also, auch wenn sie einen kleinen Umweg über das Partygirl Lilli genommen haben, in einer Jahrhunderte alten Tradition. Sie haben Generationen von Mädchen auf ihre Lebensaufgaben vorbereitet. Heute lassen sich mit Barbie und mit ihr verwandte Modepuppen alle Bereiche menschlichen Lebens nachspielen.
Barbie, das »teenage fashion model«, wurde erstmals auf der New Yorker Toy Fair 1959 präsentiert. Trotz Bedenken vieler männlicher Einkäufer wegen ihrer fraulichen Figur war die erste Auflage in kurzer Zeit verkauft. Drei Dollar kostete die legendäre »No. 1« mit den Löchern in den Füßen, die ihr erlauben, auf einem Plastikpodest ohne zusätzlichen Puppenständer zu stehen. »Eine aufregende, neuartige Puppe – sie ist erwachsen! Mit Garderobe, die bis in jede Einzelheit authentisch ist! Das ist Barbie ...«, so wird sie im Mattel-Katalog von 1959 angepriesen.

Freizeit- und Partykleidung ist seltener vertreten als oft angenommen wird. Häufiger weisen schon die frühen Kleidungsstücke auf eine berufliche Tätigkeit hin: z. B. *Busy Gal* mit Zeichenmappe und Modezeichnungen, *Fashion Editor* mit Kamera, wie für *International Fair, American Airlines Stewardess, Registered Nurse* mit Medizin- und Wärmflasche sowie Diplom. Barbie verkörpert alle Traumberufe damaliger Mädchen und widerlegt damit den Vorwurf der Oberflächlichkeit, der ihr oft gemacht wird. Natürlich hat sie viel mit Glamour zu tun, aber wer kleine Mädchen fragt, was sie einmal werden wollen, bekommt damals wie heute ähnliche Antworten: Filmstar, Mannequin, Stewardess, Ärztin. Barbie macht in jedem Beruf eine gute Figur. Es gibt wenige Bereiche, die noch nicht von ihr erobert wurden, außer vielleicht: Pfarrerin. Selbst Präsidentschaftskandidatin ist sie schon gewesen – und sah wie Hillary Clinton aus!

American Girl (1965)*
in Saturday Matinee (1965)

Links:
President Barbie (2000)

Barbies Welt

Obwohl Barbie gleich bei ihrer Einführung überaus erfolgreich war, dauerte es noch fünf Jahre, bis sie auch den deutschen Markt erobern konnte.
1964 begann in Deutschland die Barbie-Ära. Jedes Jahr entwirft Mattel ungefähr 150 neue Modelle. Dabei passt Barbie ihr Aussehen jeweils der vorherrschenden Mode und dem Zeitgeschmack an. Die berühmtesten Couturiers entwerfen für diese Puppe, u. a. Dior, Yves St. Laurent und Armani.
Barbie ist sehr früh schon erfolgreich im Beruf, trägt Kostüme, Outfits wie Career Girl weisen auf eine nicht näher bezeichnete Tätigkeit hin. Sie ist Ende der 60er Jahre auch Sekretärin oder Bankangestellte.
Barbie verfügt über Häuser, die vor allem in den frühen Jahren perfekte Abbilder des vorherrschenden Standards darstellen, sowie über Autos, Boote und Flugzeuge. Natürlich fliegt sie nun nicht mehr nur als Stewardess,

Oben:

Outfits wie Career Girl weisen in den 60er Jahren auf eine nicht näher definierte Berufstätigkeit hin

Rechts daneben:

*Swirl Ponytail * (1964) in American Airlines (1961)*

Ponytail (1962) in Sheath Sensation (1961)*

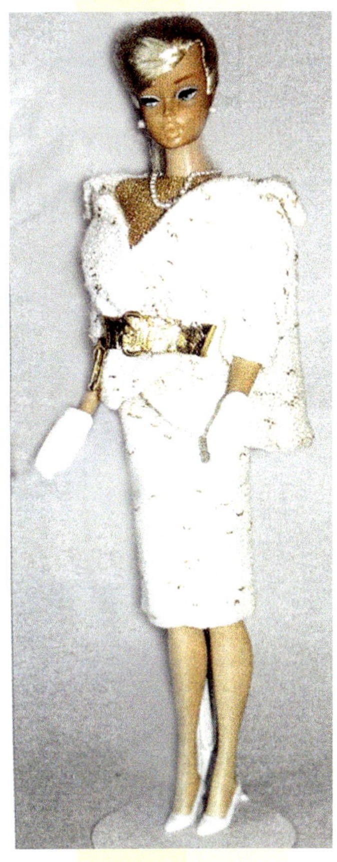

Oben von links:

Die Mode-Palette ist von Anfang an breit angelegt. Elegante Garderobe gab es für den Nachmittag: Swirl Ponytail (1964) in On the Avenue (1965)*

Jugendlich sportlich ging man abends aus: Ponytail (1961) in Let´s Dance (1960)55*

*Barbie im Berufsalltag: SL Midge * (1963) in International Fair (1966)*

sondern besitzt selbst einen Pilotenschein. Inzwischen gehört ihr sogar ein Zug. Bei der Präsentation auf der Nürnberger Spielwarenmesse antwortete eine junge Hostess von Mattel würdevoll auf die Frage eines männlichen Besuchers, wo denn Ken sei, der den Zug fahre: »Selbstverständlich fährt Barbie ihren Zug selbst!« 1966 und 1967 sehen wir sie mit ihrer Kamera auf einer Messe, der International Fair (siehe oben rechts), wo sie vermutlich fotografiert und Eindrücke für ihren nächsten Artikel sammelt. Auch in den kommenden Jahrzehnten ist Barbie immer wieder als Reporterin – meist in Sachen Mode – unterwegs.

Barbie-Spielzeug ist Rollenspielzeug und gehört damit zu den traditionellen Spielsachen, mit denen Kinder vor allem im 19. und frühen 20. Jahrhundert auf ihr späteres Leben als Teil der erwerbstätigen Bevölkerung vorbereitet wurden. Um dieser Aufgabe gerecht zu werden, muss Spielzeug ein vollkommenes Abbild seiner

Fashion Shop (1963): Barbies der 60er Jahre und eine Hong Kong Lilli

Zeit sein. Die Welt von Barbie, ihrer Verwandten und Freunde spiegelt die Epoche ihrer Entstehung jeweils perfekt wider und ist demnach hervorragend geeignet, um den gesellschaftlichen Wandel in den vergangenen 50 Jahren darzustellen.

Barbies Outfits von 1959 spiegeln deutlich das Idealbild der gut versorgten, nicht berufstätigen Hausfrau wider: Ein paar schicke und teuer aussehende Kleider zum Ausgehen, eine Jeans und Kleider »für jeden Tag«, darunter ein einfacher, gerader, grauer Rock mit einem orangeroten Strick-Twinset, das sie offensichtlich selbst gearbeitet hat, denn dazu gab es einen Strickkorb mit drei Knäueln Wolle, Stricknadeln und einem Anleitungsbuch. In einem adretten, hellblau-weißen Sommerkleid mit Strohhut ging Barbie zum Einkaufen; in ihrer stilechten Basttasche brachte sie Obst und Gemüse oder frische Blumen mit. Zu Hause stand sie in verschieden farbigen Cocktailschürzen am Herd. In den abgenähten, großen Schürzentaschen finden viele Küchenutensilien Platz.

Von links:

*Swirl Ponytail**
in Suburban Shopper (1966)

Ponytail 1962)*
in Sweater Girl (1959)

Unten von links:

Zwei Swirl Barbies tragen Cocktailschürzen*

Vor einem Modegeschäft:
T 'NT Stacey Flip (1969)*
in Leisure Leopard (1969)
Walking Jaimie (1970)
in Best Buy 3208

In Anzeigen der Jahre 1959/60 wird das gültige Frauenbild der 50er Jahre instrumentalisiert.

KÜCHE CONTRA KARRIERE

Anmerkungen siehe S. 102/03

Als der Zweite Weltkrieg zu Ende war, fehlte in Deutschland eine ganze Männergeneration. Hunderttausende von »Gastarbeitern«, vorwiegend aus Ländern Südeuropas, wurden eingeladen, um am Wiederaufbau der deutschen Wirtschaft mitzuarbeiten. Die Frau der Fünfziger indessen blieb zu Hause am Herd, obwohl sie ihre Arbeitskraft in den Kriegsjahren eindrucksvoll unter Beweis gestellt hatte. Oft wird dies damit begründet, dass die Frauen den aus dem Krieg heimgekehrten Männern die Arbeitsplätze nicht wegnehmen sollten. Die vielen Gastarbeiter beweisen jedoch, dass diese Behauptung falsch ist: Es gab viel mehr Arbeitsstellen als Personal. Außerdem hatte man sich auch früher nie gescheut, Frauen eine Berufstätigkeit schmackhaft zu machen, wenn die Volkswirtschaft es erforderte. Es mag aus heutiger Sicht nicht mehr nachvollziehbar sein, aber es waren die Frauen selbst, die den Rückzug ins Heim vollzogen. Nach Jahren, in denen sie im Erwerbsleben »ihren Mann« stehen und zusätzlich ihre Pflichten der Familie gegenüber erfüllen mussten, genossen sie nun ihre Rolle als Hausfrau und Mutter.
Nach dem Krieg gab es überall auf der Welt einen Baby-Boom. Diese Kinder sollten »es einmal besser haben«. Für sie wurden große Anstrengungen unternommen. Vor allem sollten sie – so weit wie möglich – eine schöne, sorgenfreie Kindheit erleben. Eine zutiefst verletzte Menschheit versuchte sich durch ihre Kinder und das Bemühen um eine schönere und bessere Welt selbst zu heilen. Krieg, harte Arbeit und Entbehrungen hatten die Frauen an die Grenze ihrer Belastbarkeit gebracht. Sie gaben selbst freiwillig Positionen auf, die sie im Laufe des 20. Jhs. oft gegen erbitterte Widerstände errungen hatten.

Rückzug in die Häuslichkeit

Zu Beginn des Jahrhunderts waren die Rechte der Frauen stark eingeschränkt. Mit dem Eintritt in die Ehe gaben sie ihre Selbstbestimmung auf. Sie hatten keine politische Stimme, sie durften nicht wählen. Der Zugang zu höherer Bildung und anspruchsvoller Berufstätigkeit war ihnen verwehrt. Die damalige Frauenbewegung setzte sich für gleiche Rechte für Männer und Frauen ein. Ziel war eine »weibliche

Kultur«, die auch in einer Berufstätigkeit zum Ausdruck gebracht werden sollte, die den weiblichen Eigenschaften wie Mütterlichkeit und Fürsorglichkeit entsprach: Lehrerinnen, Ärztinnen, Anwältinnen, aber auch in der Politik. Die 1908 erfolgte Zulassung zu Studium und Staatsexamen ebnete den Weg in akademische Berufe für Frauen. Ledigsein wurde jedoch vorausgesetzt; es war undenkbar, dass eine verheiratete Frau einen Beruf, vor allem einen akademischen, ausübte.[1]

1918 erhielten die Frauen das Wahlrecht, seit 1919 ist ihre staatsbürgerliche Gleichberechtigung in der Weimarer Verfassung verankert. 41 weibliche Abgeordnete saßen damals im Parlament. Auch in den Jahren nach dem Ersten Weltkrieg herrschte ausgesprochener Männermangel, damals zogen die Frauen jedoch andere Konsequenzen als später. In den 20er Jahren nahmen immer mehr Frauen einen Beruf auf. 1,5 Millionen Frauen arbeiteten in einem Angestelltenverhältnis, das waren dreimal mehr als 1907. Mitte der zwanziger Jahre gab es über 1,7 Millionen mehr erwerbstätige Frauen als zu Beginn des Jahrhunderts. Diese veränderten Lebensbedingungen brachten für die Frauen eine neue Freiheit und einen moderneren Lebensstil. »Noch haben sie nicht die Majorität«, schreibt Paula von Rednizek 1928, »aber es wird nicht mehr lange dauern, und die Ärztinnen, Rechtsanwältinnen, Doktorinnen, Direktorinnen, Künstlerinnen überwiegen ... Die Mädchen setzen ihre Ehre hinein, etwas zu leisten, im Büro, in der Fabrik, im Laboratorium ... Dafür verlangen sie mehr Freiheit als bisher. Und das mit Recht.« Von den meisten Frauen wurde Berufstätigkeit jedoch auch damals nur als Übergangsphase angesehen. Sie wurden schlechter bezahlt als die Männer, mussten häufig die monotonsten Arbeiten verrichten, hatten keine Aufstiegschancen. Mitte der 20er Jahre waren fast alle weiblichen kaufmännischen Angestellten ledig und jünger als 25.[2] Trotzdem hat sich auch das äußere Frauenbild in jener Zeit gewandelt. Frau ist »knabenhafter, prononzierter, lebendiger geworden. nun hat sie Anspruch auf einen anderen Dreß, Schleppröcke und Faltenfahnen hindern ihre Bewegungsfreiheit.« Wohl fühlte sich die Frau der Zwanziger »im Sportkleid, im herrenmäßig zugeschnittenen Kostüm, im Filzhütchen, in der Weste mit Krawatte ...« Die neue Frau will indes »nicht kopieren oder Rechte fordern. Sie übernimmt das, was ihr steht und zusteht.« (P.v.R.: *Die perfekte Dame*). Die Schöpferin dieser

Von oben.
Bernice Abbots, Anfang der 20er Jahre

Nancy Cunard, 1928

(Quelle: Andrea Weiss, Paris war eine Frau, 1997)

Quelle Paula von Rezniak, Die perfekte Dame, 1927

Mode ist Coco Chanel. Knieumspielt oder sogar kniefreie, erste Miniröcke, Bubikopffrisur »à la Garçonne« oder gar »Etonschnitt« – ein regelrechter Herrenschnitt – und eine schlanke, sportliche Figur, die ohne Korsett auskommt, das war das Idealbild der Zwanziger. Diese Mode wurde zwar von vielen kopiert, innerlich waren die Frauen jedoch nicht von traditionellen Werten so frei, wie sie sich nach außen gaben. Wer es sich leisten konnte, gab den Beruf nach der Eheschließung auf. Trotzdem blieb diese Entwicklung nicht ohne Einfluss auf die Institution Ehe: sie war in dieser Zeit deutlich größeren Belastungen ausgesetzt als früher. Weniger Kinder als Anfang des Jahrhunderts wurden geboren, auf 1.000 Eheschließungen kamen 62 Scheidungen (vgl. mit 21/1000 Anf. d. Jhs.), erstmalig in der Geschichte ist dabei, dass Frauen häufiger als Männer die Scheidung einreichten[3] – eine Entwicklung, die die Nazis unterbinden wollten. Emanzipation wurde von ihnen als »ein vom jüdischen Intellekt erfundenes Wort« bezeichnet. Frauen sollten sich auf ihre Rolle als Ehefrau und Mutter besinnen, statt mit Männern um die Arbeitsplätze zu konkurrieren. Diese Ansicht wurde von den Machthabern spätestens bei Ausbruch des Krieges revidiert; Mädchen und Frauen wurden ermutigt zu studieren und Berufe zu ergreifen, um die in den Krieg gezogenen bzw. gefallenen Männer zu ersetzen. In der Folge dienten Frauen Volk und Vaterland u. a. als Rotkreuzschwestern an der Front bzw. zu Hause in den Fabriken, in der Landwirtschaft, in Schule und Bildungseinrichtungen, wo sie Kinder im Geiste des Regimes zu erziehen hatten. Lediglich Justiz- und Militärlaufbahnen waren ihnen verwehrt – in den Machtstrukturen des Dritten Reiches war für Frauen kein Platz.

Krieg und unmittelbare Nachkriegszeit brachten Schwerstarbeit, Sorge um die Familie, Hunger und Entbehrungen für alle Menschen, besonders aber für die Frauen. Kein Wunder also, dass sie anschließend gerne einen Teil Terrain und die damit verbundene Verantwortung an die heimgekehrten Männer abgaben. Der Rückzug in Familie und Haushalt war auch die Folge einer tiefen seelischen und körperlichen Erschöpfung; die Sehnsucht nach einer heilen Welt kennzeichnete die ganzen 50er Jahre und einen Teil der 60er. In Biografien von Frauen dieser Zeit taucht immer wieder die Erleichterung auf, die sie empfanden, als sie sich endlich wieder ganz den Bedürfnissen ihrer Familie, ihres Haushaltes (vieles war zerstört, gar nicht mehr vorhanden und musste neu angeschafft werden) und endlich auch wieder ihren eigenen widmen konnten. Die meisten Frauen nach dem Kriege haben ihre Rolle als Hausfrau und Mutter als Befreiung erlebt, nicht als Zwang.

Als Wohn- und Lebensumstände wieder besser waren, ein sorgloseres Leben möglich, entstand der Wunsch nach mehr Luxus: Reisen, ein Auto, neue technische Errungenschaften wie Fernsehen sowie neue und verbesserte Haushaltsgeräte, die zusammen mit einer Vielzahl neu entwickelter Reinigungsmittel den Frauen mehr Zeit und Muße verschafften, auch das Interesse an Mode wurde geweckt. Handarbeits-, Mode- und neue Frauenzeitschriften wie *Brigitte* oder *Constanze* kamen auf und gaben den Frauen Anleitung in Fragen des Geschmacks, der Mode, der Wohnungseinrichtung – und bei der Entwicklung eines neuen Frauentyps, weit weg vom Ideal der Nazizeit und dem Aussehen der Trümmerfrauen: Pumps mit hohen Pfennigabsätzen und weite Röcke mit Petticoats, winzige Handtaschen, in die nicht viel mehr als Lippenstift und Puderdose passten, vermittelten ein Bild hilfloser Weiblichkeit, die männlichen Schutzes bedurfte und gar nicht zu der tatkräftigen, bis zur Erschöpfung arbeitenden Frau in der Zeit von Wiederaufbau und beginnendem Wirtschaftswunder zu passen schien. Denn – egal, ob zu Hause am Herd oder im Arbeitsleben – hart gearbeitet haben alle Frauen. Sehr viele hatten dabei auch gar nicht die Gelegenheit zum Rückzug in die eigene Häuslichkeit: Infolge einer fehlenden Männergeneration blieben viele Frauen – gezwungenermaßen – unverheiratet und mussten ihren Lebensunterhalt selbst verdienen. Das Idealbild der 50er war jedoch die verheiratete Frau, mit Kindern, die Familie und Haushalt tiptop gepflegt hält und selbst immer frisch und adrett aussieht.

Anders in der DDR: Im »Arbeiter- und Bauernstaat« wurde von Anfang an die Berufstätigkeit der Frauen propagiert: »Eine wirkliche Gleichberechtigung der Frau ist erst dann vorhanden, wenn sie einen Beruf erlernt hat und imstande ist, eine gesellschaftlich wirklich nützliche Arbeit zu leisten« (Walter Ulbricht, 1949). Martha Arendsen, Vorstandsmitglied im Freien Deutschen Gewerkschaftsbund, formulierte es 1946 so: »Die Frau hat von Natur aus die Aufgabe, Leben zu geben, zu hüten, zu pflegen. Weil das Leben des einzelnen und der Familie eng verbunden ist mit den gesellschaftlichen Zuständen, ist es ganz natürlich,

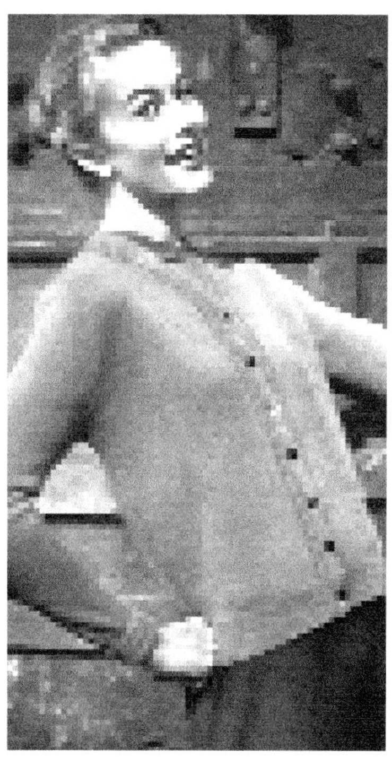

Typisch für die Mode der 50er Jahre ist das Twinset. Barbie trägt es auch! (siehe Seite 19)

»Schützt trotz ihrer koketten Form das Kleid vor Spritzern!« In kaum einem Modejournal fehlte die Seite mit Schürzen. (Quelle: Film & Frau, 1960)

dass die Frau ihre mütterlichen und hausfraulichen Eigenschaften auch im öffentlichen Leben entfalten will und muß«.[4] Leitbild war die »Heldin der Arbeit«. Als Folge wurde den Frauen im Osten häufig eine bessere berufliche Ausbildung zuteil als im Westen. Sonderstudiengänge für berufstätige Mütter wurden eingerichtet, Berufstätigkeit wurde als normal angesehen, als Pflicht einer guten Staatsbürgerin.

Ermöglicht wurde dies durch eine ausgezeichnete Versorgung mit Kindergarten- und -hortplätzen, die darüber hinaus gewährleisteten, dass die Kinder im Sinne der Parteiführung erzogen wurden.

Von der Frau im Westen wurde die Perfektion, die sie während des Krieges erlernt hatte, auch im Haushalt verlangt: Hübsch und fleißig, eine gute Hausfrau, Köchin und Mutter, geschmackvoll gekleidet und frisiert, ein stets tadellos gepflegtes Ambiente, freund-

Der Titel der Illustrierten »Brigitte« – Im Jahr 1952 hieß der Untertitel noch »Das Blatt der Hausfrau«

lich, hilfsbereit, lieb zu den Kindern, eine perfekte Geliebte und Stütze des (erfolgreichen) Mannes, die sich niemals beklagt. Als die Frauen merkten, dass sie ihre Selbstständigkeit eingebüßt hatten, war es zu spät, um direkt und unvermittelt an die Errungenschaften der Vorkriegszeit anzuknüpfen. Sie mussten neu erstritten werden.

Laut dem Statistischem Bundesamt waren 1964 sechzig von hundert Frauen im Westen sogenannte »Nur-Hausfrauen«, denen bald schon jede Anerkennung verweigert wurde. In einem Zeitschriftenartikel mit der Überschrift »Überfordern wir unsere Frauen?« wird das deutlich: Dort gibt eine junge Frau einem Meinungsforscher ein Interview: »Ich gab ihm gern Auskunft: *Verheiratet, drei Kinder, mein Mann von Beruf Auslandskorrespondent* – da unterbrach er mich mit der typischen Frage: *Und Sie selbst? Arbeiten Sie auch?* Worauf ich geradezu schuldbewusst zugab: *Nein, das heißt, ich bin zu Hause*. Der Interviewer sagte: *Sie arbeiten also nicht* und schrieb hinter die betreffende Frage: *Ohne Beruf. Hausfrau*.«

In der Illustrierten »Praktische Mode«, Leipzig 1951 wurden neue Berufe vorgestellt: im Heft 10 »Der Fernmeldemonteur – Ein Beruf für Dich?« und im Heft 8 »Die Wirtschaftsleiterin«.

Die junge Frau dazu: »Ich bin jetzt 32 Jahre alt. Der Gedanke, dass mindestens noch 15 Jahre lang jeder Tag angefüllt sein wird mit Arbeit, die nach Ansicht der meisten Leute keine *richtige* Arbeit ist, treibt mich manchmal in regelrechte Depressions-Zustände. Dann empfinde ich meine vier Wände wie einen Käfig. Heute kann ich oft gar nicht mehr begreifen, weshalb ich mit aller Gewalt so schnell wie möglich heiraten, einen Haushalt führen und Kinder haben wollte ... Dafür habe ich nun mein Abitur gemacht ...«

Diese Gedanken zum Ausdruck zu bringen, wäre für die Frau damals nicht in Frage gekommen, denn »welcher Mann möchte ein betrübtes Gesicht sehen, wenn er nach einem Neunstundentag und einer halben Stunde Fahrt im überfüllten Vorortzug zu Hause ankommt?« [5] Das Ergebnis: Mehr als die Hälfte dieser scheinbar so wenig geforderten »Nur-Hausfrauen« litt nach Angaben damaliger Frauenärzte und Psychologen unter Depressionen, Herzbeschwerden und Erschöpfungszuständen – Folgen des täglichen Trotts

Zehn Tipps, wie man einen Mann fesselt

1. *Nie aufhören, mit ihm zu flirten und zärtlich zu sein, zugleich aber auch Kamerad sein, der mit ihm durch dick und dünn geht;*
2. *Immer eine gute Zuhörerin sein, sich für seinen Beruf interessieren;*
3. *Ihm immer das Gefühl geben, dass er mehr ist als er ist; sein Selbstbewusstsein stärken;*
4. *Ihn trösten und ablenken, wenn er Ärger hat. Niemals sollte der Vorwurf über ihre Lippen kommen, er sei im Grunde selbst schuld;*
5. *Geliebte und Mutter zugleich für ihn sein. Sie sollte mit viel Geschick manches genauso machen wie seine Mutter, ohne dass er es merkt;*
6. *Sie muss kochen können und sie muss seine Lieblingsgerichte kennen;*
7. *Sich für ihren Mann anziehend machen, immer gepflegt und appetitlich aussehen, auch am Morgen. Nie mit Lockenwicklern oder unfrisiert am Frühstückstisch!*
8. *Gelegentlich ein bisschen Eifersucht zeigen, damit er das Gefühl hat, von ihr begehrt zu werden;*
9. *Diplomatisch sein. Bei Streit den ersten Schritt zur Versöhnung tun, selbst wenn sie sich im Recht fühlt. Eine Frau muss verzeihen können.*
10. *Treu sein, denn sie kann von ihrem Mann keine Treue erwarten, wenn sie selbst nichts davon hält.*[8]

Oben von links:

Beide Abbildungen in: Film und Frau, Herbst/Winter 1959/60

Seite 26:

Elegante Garderobe für den Nachmittag. Beide Abbildungen in: Die Neue Mode (1951)

und der mangelnden Anerkennung seitens der Familie und der Gesellschaft.[6] Die typischen »Frauenkrankheiten«, so erkannte man, sind eigentlich »Krankheiten der Seele«.[7]
Dennoch gab in derselben Zeitschrift, die dieses Thema behandelte, die Schauspielerin Sophia Loren *Zehn Tipps, wie man einen Mann fesselt* (siehe Seite 26).
Was die angesprochenen Frauen von solchen »wohlmeinenden« Ratschlägen hielten, drückt Annelore R., ebenfalls »Nur-Hausfrau«, in dem o. a. Artikel aus: »Immer wieder werden wir Ehefrauen in Zeitschriften und Rundfunkvorträgen ermahnt, unsere Männer mit viel Diplomatie zu behandeln. Wenn sie heimkommen, sollen wir um keinen Preis von unseren Alltagskümmernissen berichten. Aber dass wir niemals unsere eigene Anspannung und Müdigkeit auch nur im Entferntesten zeigen dürfen, sondern mit frischem Make-up und noch frischerem Lächeln ständig das Bild der sorglosen, glücklichen, ausgeruhten Ehegattin vortäuschen sollen – das finde ich ungeheuer strapaziös ...« [9]
Im Beruf, so erkannten viele Frauen bald ernüchtert, erginge es ihnen auch nicht schlechter. Zwar waren sie scheinbar zu Hause »ihr eigener Herr«, jedoch unterlagen auch sie Zwängen: Nur wenn sie stets die weißeste Wäsche, den spiegelglattesten Fußboden und die weichsten und am wenigsten kratzigen Handtücher hatten, berechtigte sie das nach Meinung der Werbefachleute dazu, »ein gutes Gewissen« zu haben.[10] War

Unsere deutschen Frauen kochen den besten Kaffee der Welt

Werbefachleute im Jahr 1960 wussten »Was Frauen wünschen« …

Und so sah 1957 die »moderne« Traumküche aus. (Ausstellung »Ungleiche Schwestern«, Kat. S. 42, siehe Anm. 2)

eine Frau berufstätig, so wurde es jedoch als selbstverständlich angesehen, dass ihre Pflichten Familie und Haushalt gegenüber »darunter nicht leiden« durften. Frauen mussten auch, wenn sie eine Berufstätigkeit ergreifen wollten, ihren Mann um Erlaubnis fragen. Viele Ehemänner gestatteten ihren Frauen nicht, arbeiten zu gehen. Eine Frau, die mitarbeiten »musste«, bewies dadurch angeblich, dass es ihrem »Ernährer« nicht möglich war, angemessen für sie zu sorgen.[11]

Das Leben der Frau in den 50er und frühen 60er Jahren spielte sich demnach zwischen den beiden Begriffen »Nur-Hausfrau« und »Doppelbelastung« ab. Stärkungs- und Arzneimittel wie *Vita-Buerlecithin* und *Frauengold* sprachen in ihrer Werbung in jenen Jahren ganz gezielt solche Frauen an: »Doppelbelastung – Wie auch Sie damit fertig werden. Viele Frauen müssen heute tagsüber im Beruf *ihren Mann stehen* – und abends kommt der Haushalt! Geschäft, Haushalt, Kinder … wie leicht kann das zu Abgespanntheit, Nervosität, Herzbeschwerden und schlechtem Schlaf führen«.[12]

Auch wenn es noch Mitte der 60er Jahre – überwiegend jedoch in ländlichen Gebieten – durchaus üblich war, dass Mädchen nach Abschluss der Schule keinen Beruf erlernten, so bot dieser Lebensentwurf für die junge Frauengeneration, die nach dem Krieg geboren wurde, keinen Anreiz mehr. Für die Mehrzahl von ihnen wurde eine Berufsausbildung selbstverständlich.

Teakholz, Bast und Palisander

Unmittelbar nach Kriegsende war Wohnraum noch knapp. Der größte Teil der alten Bausubstanz war zerstört, es mussten rasch neue Häuser errichtet werden, die möglichst vielen Menschen Wohnung gaben.

Zunächst orientierte sich der Geschmack noch an Althergebrachtem. Den Wohnungsbauern der 50er Jahre schwebte jedoch ein anderer Einrichtungsstil vor. Zu den Neubau-Wohnungen passten keine wuchtigen Möbel. Doch nicht nur die kleineren Räume mit niedrigeren Decken bedingten eine Abkehr vom alten Wohnstil: Die 50er Jahre wurden insgesamt als Aufbruch in ein neues Zeitalter erlebt. Frischer Wind wehte durch die Stuben, die Einrichtung wurde leicht und bunt. Rohr- und Korbsessel, transportable und anbaufähige Regalwände, Tische und Stühle mit Stahlrohrbeinen und lackierten oder mit Plastik bezogenen Flächen drückten ein neues, freieres Lebensgefühl aus. In frischen Farben, teilweise bedruckt, waren auch Teppiche und Vorhänge gehalten. Pastellige Farben dominierten in Bad und Küche (»Schwedenmöbel«).

Beliebt waren Gegenstände aus Bast: Buchhüllen, Untersetzer, Tischläufer, Blumenampeln und Einkaufstaschen. Jedoch wurde – und das kennzeichnet die 50er als Jahrzehnt im Umbruch – dieses Naturprodukt teilweise schon aus Kunststoff imitiert.

Elektroherd, Kühlschrank, Waschmaschine standen ganz oben auf der Wunschliste der Familien, gefolgt von Mixer und elektrischer Kaffeemühle. Um 1960 stand die Hausfrau mit schicker Cocktailschürze über dem Hauskleid in einer blitzsauberen Küche mit modernen Haushaltsgeräten, die ihr die Arbeit erleichterten.
In vielen Wohnzimmern stand nun auch schon ein Fernseher. Amerikanische Serien wie *Vater ist der Beste*, aber auch deutsche wie *Familie Schölermann* und *Firma Hesselbach* waren Leitbilder. Vor allem der amerikanische Einrichtungsstil jener Jahre war richtungweisend. Anfang der 60er Jahre erfolgte allmählich die Abkehr von dem schwungvollen, übertrieben bunten Design. Möbel mit glatten, geraden Kanten, Sitzgarnituren mit karierten Bezügen oder solchen aus glattem Leder, die an den frühen Bauhausstil erinnern, Anbauwände aus Teak, Nussbaum oder Rio-Palisander, häufig abgesetzt mit weißem Kunststoff, wurden modern. Fernseher und Phonomöbel mit eingebautem Plattenspieler und Radio fanden sich nun in fast jedem Wohnzimmer. Das Traumhaus der 60er Jahre war der Bungalow, mit Flach- oder Walmdach, einem riesigen Wohnzimmer mit offenem Kamin und Natursteinwand, großen Fenstern, einer Terrasse mit einer Hollywood-Schaukel und, falls möglich, einem Pool im Garten.

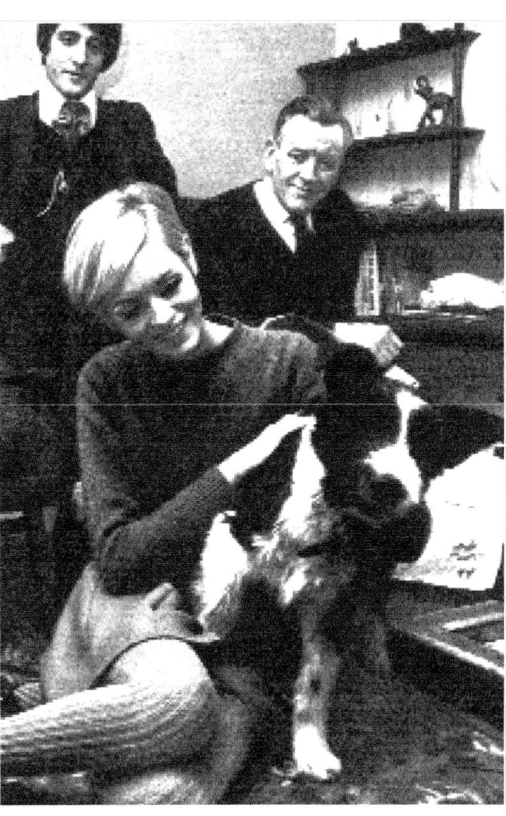

»Die Frau, die den Busenkult verschwinden läßt« … war die Engländerin Twiggy, die in kurzer Zeit in Amerika und etwas später auch in Europa einen neuen Stil kreierte.

Miniröcke, Hosenanzüge für Frauen und – damit verbunden – ein völlig neuer Frauentyp nach dem Vorbild von Lesley Hornby – genannt »Twiggy« – kennzeichnen die Mode in der zweiten Hälfte der 60er Jahre. Auch der Einrichtungsstil änderte sich erneut. Unter dem Einfluss der jungen Hippiemode wurden Stoffe, Teppiche und Tapeten wieder bunter; geometrische und »psychedelische« Muster in schrillen Gelb-Orange-Tönen dominierten Kleidung und Dekomaterialien. »Wohnlandschaften« entstanden mit Sitzmöbeln, die man zu verschiedenen Formen kombinieren konnte.
Originelle Möbelideen wie Kugel- und Hängesessel,

Rechts von oben:

Die Wohnträume in den 60er Jahren: die Essecke mit kuscheligem Flokati, die Schrankwand mit Fernseher und die Einbauküche

Seite 31 von oben links:

Eigenheim mit Swimmingpool

Wohnträme: Natursteinwand, riesengroßem Fenster und Kamin

Möbel mit geraden Kanten und Sitzgarnituren mit karierten Bezügen erinnern an den frühen Bauhausstil

Neuigkeit auf dem Möbelmarkt: das aufklappbare Schlafsofa

Alle Abbildungen aus einem Einrichtungskatalog von 1960

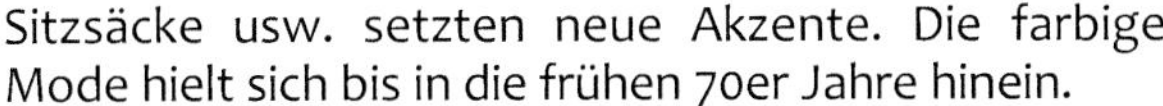

Sitzsäcke usw. setzten neue Akzente. Die farbige Mode hielt sich bis in die frühen 70er Jahre hinein.

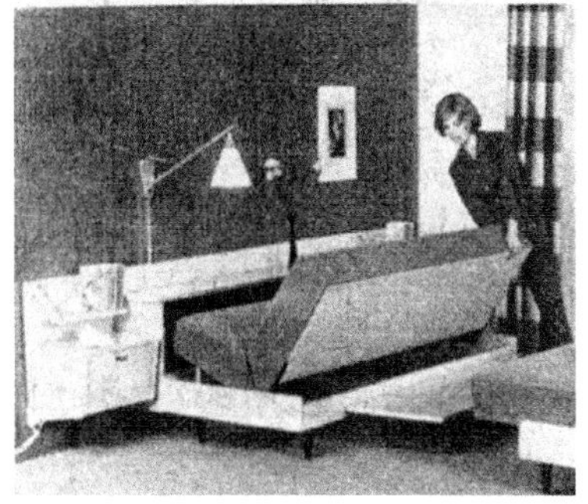

Wachsendes Umweltbewusstsein, politische Ernüchterung und das Fehlen von tragbaren Zukunftsentwürfen bewirkten besonders bei jungen Menschen eine Abkehr von allem Modernen und vom Konsum. »Ähnlich wie Hippies, Hascher und Jesus-Jünger«, schrieb *Der Spiegel* im Januar 1973, »flüchten nun auch in dieser Generation amerikanische Jungakademiker vor Protesten und Friedensmärschen in die blaublümelige Sehnsucht.«[13]

Mit den Kleidermoden von Anno-Dazumal – langwallende Röcke, Rüschenblusen, Fransentücher – wurde auch der Wohnstil vergangener Epochen wieder modern. Junge Leute richteten sich vorzugsweise mit Möbeln vom Sperrmüll ein.

Neu entdeckte Romantik 1976: »Anmut zum Anziehen« (In: 100 Ideen, Heft 12, 1976)

Abgebeizt, mit weißen Häkelgardinen hinter den Scheiben, war Omas Küchenbüfett, erst vor gut zehn Jahren aus den meisten Küchen verbannt, auf einmal der letzte Schrei. Sperrmüllmöbel hatten zudem den Vorteil, dass sie wenig bis gar nichts kosteten. Denn immer mehr junge Menschen wohnten nun nicht mehr bis zur Eheschließung bei ihren Eltern, sondern zogen mit Erreichen der Volljährigkeit aus, um allein zu leben, mit anderen Gleichaltrigen in einer Wohngemeinschaft oder mit einem Partner, mit dem sie nun nicht mehr unbedingt verheiratet sein mussten, denn durch die Abschaffung des »Kuppeleiparagraphen« (§ 180 StGB) in den Strafrechtsreformen von 1969 und 1973 wurde es für Unverheiratete leichter, eine gemeinsame Wohnung zu bekommen. Mit selbst gebauten Möbeln aus Spanplatten und Holzkisten wurde sie ideenreich und preiswert eingerichtet. Das Möbelhaus Ikea griff diese Ideen auf und versorgte die junge Generation mit Möbeln zum Selbstbauen nach ihrem Geschmack.

Heutzutage unterscheiden sich die Wohnungen von Jungen und Älteren höchstens darin, dass in jungen Wohnungen die neueren Computer und Fernseher zu finden sind. Eine eigene junge Wohnkultur, wie sie sich in den späten 60er Jahren herausgebildet hatte, existiert heute nicht mehr.

Wie Barbie wohnt

Ihr erstes Haus bekam Barbie 1962. Es besteht nur aus einem einzigen Raum. Die Möbel mit ihren geraden Formen, dem karierten Bezugsstoff der Couch und der Holzmaserung entsprechen vollkommen dem Zeitgeschmack. Ganz ähnlich sahen die Zimmer vieler Teenager aus, nur dürfte es – jedenfalls in Deutschland – derzeit noch keinen eigenen Fernseher gegeben haben. Ein Plattenspieler, auf dem die Teenies der 60er Jahre Elvis, die Beatles oder Rolling Stones gehört haben, war jedoch in vielen Zimmern zu finden.

Im Dreamhouse (1961): Fashion Doll (60er Jahre), SL Midge (1963) und Swirl Ponytail* (1964)*

Barbies zweites Dreamhaus von 1964 ist deutlich luxuriöser. Das Wohnzimmer mit cremefarbener Couch, Einbaumöbeln und Natursteinkamin ist ein perfektes Abbild amerikanischer Wohnkultur jener Jahre, die auch in Deutschland kopiert wurde. Naturstein und Klinker waren »in« – echte, gemauerte Wände jedoch nur in Eigenheimen möglich. Deshalb imitierte man sie mit Tapeten mit Steinmuster.

Das Haus verfügt nun auch über ein Schlafzimmer mit einem breiten Polsterbett und eine Essecke. Eine eigene Küche erhielt Barbie auch in diesem Jahr. Kitchen Dinette ist eine modern ausgestattete Küche im amerikanischen Design mit einem hochgebauten Backofen, einem riesigen Kühlschrank und einer Dunst-

abzugshaube. Außer einem runden Esstisch mit Stühlen verfügt die Küche über eine moderne Frühstücksbar mit Barhockern. Ferneher, Gartengrill, offener Kamin und Pool im Garten gehören als Objekte der Sehnsucht unbedingt dazu.

Dem schrillen Geschmack von 1968 entspricht das Townhouse aus diesem Jahr. Grelle Muster und Farben sowie futuristische Formen der Sitzmöbel kennzeichnen dieses Barbiehaus als ein echtes Produkt jener Jahre. Eine junge Wohnung für eine moderne, junge Frau.

Von besonderem Luxus ist Jamies Penthouse von 1970. Dazu gehört eine gediegene, gemütliche Einrichtung mit

New Dreamhouse (1965)

Im Wohnzimmer eine Swirl Ponytail (1964), eine Midge (1964) und ...*

... im Schlafzimmer sortiert eine T'NT Flip Barbie (1969) ihre Kleider*

Im Family House (1969): Twiggy (1967) und Bubble Cut (1963) in Sun Flower*

Jamie Party Penthouse (1970) mit Talking Busy Barbie (1972) und Hair Fair Barbie (1969)

Go Together-Furniture mit Midge und Bubble Cut (1964)*

Büchern, einer Anrichte und stilvoller Streifentapete. Auch hier ist der gemauerte Kamin obligatorisch. Und durch große Fenster fällt der Blick auf die Skyline einer riesigen, amerikanischen Stadt im Dämmerlicht.

Kein Zweifel: Die Frau, die hier wohnt, ist weder ein hausbackener Teenager, noch eine ausgeflippte junge Studentin, und schon gar nicht ein Heimchen am Herd.

Ein weiter Weg, den Barbie bis hierher zurückgelegt hat!

Rechts von oben:

Kitchen Dinette (1965) mit Ponytail und Ken*

… und mit Busy Gal, Bubble Cut und Swirl Ponytail**

Zwischen Wunsch und Wirklichkeit

Traumberufe

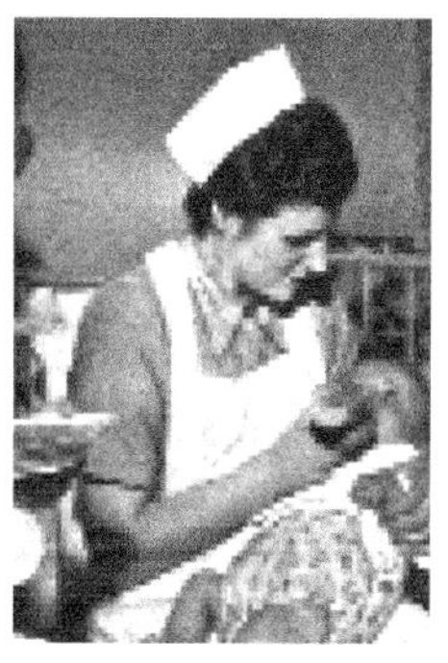

Weibliche Berufstätigkeit in der Realität

Traumberufe

Anmerkungen siehe S. 102/03

»Meine Frau, das Manneqin«, lautete die Überschrift einer Vier-Seiten-Reportage über einen noch ungewöhnlichen Beruf. (Praline, 1964)

Zwar gab es zu allen Zeiten Frauen die eine berufliche Tätigkeit ausübten, jedoch erst im Laufe des 20. Jh. entschieden sich Mädchen immer öfter für eine Berufsausbildung. Und hier kollidierten bald Wunschvorstellungen und Träume mit der Realität. Interessant ist, dass sich die Wunschträume junger Mädchen in den Jahren zwischen 1960 und heute kaum verändert haben. An der Herausbildung beruflicher Idealvorstellungen sind in erster Linie die Medien beteiligt. Medientaugliche Berufe wie Schlagersängerin oder Rockstar, Filmschauspielerin, Mannequin oder Fotomodell gehören u. a. auch deshalb zu den beliebtesten und am häufigsten von jungen Mädchen genannten Wunschberufen, weil sie durch Filme, Fernsehen und Illustrierte allgegenwärtig sind. Andere Berufsprofile werden nicht oder nur unzureichend vermittelt. Was man nicht kennt, kann man sich auch nicht wünschen. Dabei steht den Mädchen heute jede Schulform und jede Ausbildung offen, sie könnten frei wählen, was sie lernen bzw. studieren möchten – und dennoch entscheiden sich auch heute noch 80% der jungen Mädchen für nur 25 von 400 möglichen Berufen, darunter nach wie vor in erster Linie traditionelle »Frauenberufe, in denen die dienenden, aufopfernden Eigenschaften der Frau gefordert sind – ohne andere Möglichkeiten überhaupt in Betracht zu ziehen.«[14] Traumberufe bleiben Träume – jedenfalls in den allermeisten Fällen. Die von Mädchen damals und heute meistgenannten werden hier vorgestellt.

Mannequin

In der Welt herumreisen und bei großen, internationalen Modenschauen schöne Kleider vorführen ist der Traum vieler junger Mädchen. Heute nennt man diesen Beruf »Model«, in den 50er und 60er Jahren hieß die »Vorführdame« noch »Mannequin«.

Die erste Vorführdame der Welt war 1858 die Ehefrau des Modeschöpfers Charles Worth, die den Kunden in

seinem Salon die Modelle ihres Mannes zeigte. Später beschäftigten die Modeateliers eigene Mannequins, sog. »Hausmodelle«, welche die Kleider in den Salons vorführten. Einen Laufsteg gibt es erst seit 1914. Mannequins und Fotomodelle[15] hatten übrigens bis nach dem Zweiten Weltkrieg keinen guten Ruf – zu häufig musste die Berufsbezeichnung als Deckmantel für Prostitution herhalten.
Die erste Modellagentur wurde 1923 gegründet. Damals gab es schon Models, von deren Verdienst eine ganze Familie lebte. Die große Zeit der Mannequins kam jedoch nach dem Zweiten Weltkrieg, als der Wunsch nach Luxus und schönen Kleidern besonders groß war. Dior entwickelte einen ganz neuen Bekleidungsstil: Voluminöse, weit schwingende, wadenlange Röcke, figurbetonte Oberteile – der »New Look« begeisterte die Frauen. Top-Models wie Dorian Leigh und das »deutsche Fräuleinwunder« Susanne Erichsen[16] verdienten damals bei den Modenschauen berühmter Couturiers bis zu 40 Dollar in der Stunde. Die finanzielle Situation der Models war sicherer geworden, seit ein neues System für die Zahlung der Gagen eingeführt worden war.[17]

In den 50er und frühen 60er Jahren waren die Schauen der großen Modehäuser hochkarätige gesellschaftliche Anlässe. Das Interesse der Öffentlichkeit daran war in jenen Jahren besonders groß. Die Präsentationen wurden nicht mehr in der privaten Atmosphäre eines Salons vor wenigen Kunden abgehalten, sondern vor großem Publikum. Illustrierte berichteten darüber, ebenso wie die Wochenschauen der Kinos und das neue Medium Fernsehen. Models wurden zu Stars. Der Traumberuf Mannequin war geboren.

Die Zeit bis Mitte der 60er Jahre war die große Zeit der Couture mit wahrhaft eleganten Kleidern. Mitte des Jahrzehnts wurde die Mode revolutioniert: Mary Quant erfand den Minirock. Einfache Hängerchen, mit klaren geometrischen Mustern, deutliche Kontraste, z. B. Weiß–Schwarz. Ein neuer, kindhafter bzw. androgyner Frauentyp passte am besten dazu. Mit ihrer fast knabenhaft schlanken Figur, kurzen Haaren und dramatischem Augen-Makeup verkörperte Lesley Hornby, genannt »Twiggy«, ein völlig neues Frauenbild, dem viele Mädchen nacheiferten. Zum ersten Mal nach dem Krieg wurde freiwillig gehungert, um einem Ideal zu entsprechen. Mit 17 wurde »Twiggy« 1965 in einem Londoner Friseursalon entdeckt, schon ein Jahr später wurde sie von der *Daily Express* zum »Gesicht des

Was geschah im Jahr 1959?

- Hawaii wird 50. Bundesstaat der USA
- in Kuba siegt die Revolution, Fidel Castro wird Ministerpräsident;
- der Schah von Persien heiratet Farah Diba
- Großbritannien, Dänemark, Norwegen, Schweden, Österreich, die Schweiz und Portugal gründen die Europäische Freihandelszone EFTA als Gegenmaßnahme gegen die in Kraft getretene EWG
- in Transvaal wird der Schädel des Australopithecus gefunden
- in einem russischen Labor gelingt die Transplantation eines zweiten Hundekopfes – das Tier bleibt am Leben
- Bernhard Wicki dreht *Die Brücke*
- in Westdeutschland herrscht das Wirtschaftswunder – Vollbeschäftigung! – der Durchschnittsverdienst: 400,00 DM
- ein Fernseher kostet 745,– DM: schwarzweiß, Farbfernsehen gibt es noch nicht
- beliebtestes Ferienland ist Italien
- Traumberufe der Mädchen sind: Filmstar, Mannequin, Fernsehansagerin und Stewardess
- Die amerikanische Firma Mattel stellt auf der Toy Fair in New York eine neuartige Puppe vor: Barbie Teenage Fashion Model.

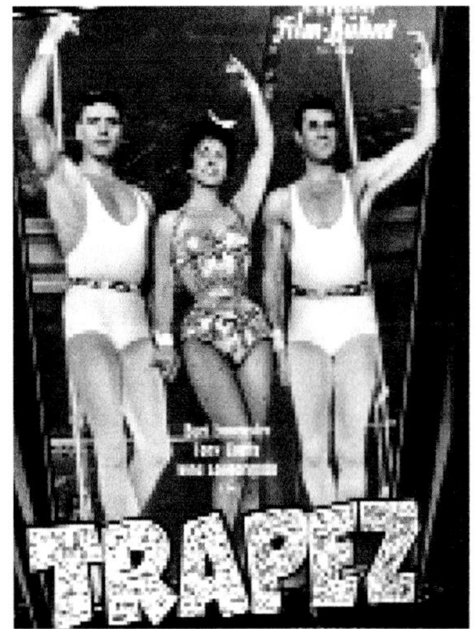

Jahres« gewählt. Twiggy war der erste Teenager, der ein Supermodel wurde und so populär wie ein Popstar war. Mit ihr begann die Ära der sehr jungen und sehr schlanken Models.
In den 70er Jahren liefen erstmals schwarze Models wie Iman über die Laufstege. In den 80ern erfolgte die »Geburt der Supermodels«, verbunden mit Namen wie Cindy Crawford, Naomi Campbell und Linda Evangelista. Ihre Popularität war so groß, dass sie sogar Popstars übertraf. 1993 war Claudia Schiffer, die 1987 in einer Düsseldorfer Disco entdeckt wurde, das am besten verdienende Model der Welt: Ihre Jahresgage belief sich auf 10 Millionen Dollar.[18]

Stewardess

m 12. Mai 1930 setzte die United Air Lines bei Inlandflügen in den USA zum ersten Mal Krankenschwestern als weibliche Flugbegleiter ein. Sie durften nicht älter als 25 Jahre sein. Stewardessen jener Jahre erinnern sich, dass sie damals die Brötchen für die Passagiere bereits vor dem Flug zu Hause schmieren mussten.
Anfangs gab es in Flugzeugen nur eine 1. Klasse. Auch in den 50er und 60er Jahren ging es an Bord noch elegant zu. Hübsch, adrett in ihren Uniformen, gepflegt, nett, freundlich und zuvorkommend – so sollte eine Stewardess sein, ruhig und ausgeglichen und in der Lage, ängstliche Passagiere zu beruhigen und zu trösten. Denn jeder dritte Passagier hat Flugangst. Heiraten durften Stewardessen früher nicht, bei der Heirat mussten sie ihren Beruf aufgeben.
Das ist heute anders. 60% des Kabinenpersonals bei der Lufthansa sind weiblich, ca. 25% der Mitarbeiter haben Familie. Ein gepflegtes Äußeres wird auch heute von ihnen erwartet, korrektes Auftreten, darüber hinaus Toleranz und die Fähigkeit, im Team zu arbeiten. Inzwischen müssen sie auch nicht mehr mit Erreichen der bisher geltenden Altersgrenze von 55 Jahren ihren Beruf aufgeben. 2002 gab das Bundesarbeitsgericht einer Stewardess Recht, die gegen ihre Airline geklagt hatte. Eine tarifvertragliche Altersgrenze für Kabinenpersonal bei Fluggesellschaften ist nicht länger rechtens.[19]
Kürzere Flugzeiten, nachlassender Service aus Kostengründen haben zu einem Imageverlust des Berufs beigetragen. »Saftschubse« werden Stewardessen von den Passagieren heute mitunter respektlos genannt – der Begriff wurde sogar in die neueste Ausgabe des Dudens übernommen. Die Stewardessen wehren sich gegen die herabsetzende Bezeichnung.

Darüber hinaus ist der Beruf mit Gefahren verbunden: nicht nur unvorhersehbare Katastrophen aufgrund technischer Mängel, die Vorgänge vom 11. September 2001, Terrorismus, randalierende, betrunkene Passagiere, auch die große Strahlenbelastung, der das Personal ausgesetzt ist. Die Crew in Cockpit und Kabine gehört mit einer durchschnittlichen Strahlenmenge von 3-6 mSv/Jahr, das entspricht ca. 150-300 Röntgenaufnahmen pro Jahr, zu der durch Strahlen am höchsten belasteten Berufsgruppe. Während eines 35jährigen Berufslebens kann ein Pilot mit dem Gegenwert von ca. 5.000–10.000 Röntgenaufnahmen belastet werden. Die Besatzung ist nach neueren Untersuchungen auch einem sehr hohen Krebsrisiko ausgesetzt. Bei hohen Flügen (z. B. Lear Jet) ist die Rate noch höher. Die Wahrscheinlichkeit für Stewardessen, an Brustkrebs zu erkranken, liegt nach fünf Berufsjahren um ein Vielfaches höher als bei dem Bodenpersonal einer Airline. Das Überschallflugzeug Concorde war wegen der hohen Strahlenbelastung für Stewardessen unter 50 Jahren verboten.[20]
Die Ausbildung der Stewardessen war nicht einheitlich; sie dauerte meist nur wenige Wochen und wurde von den einzelnen Airlines vorgenommen.
Seit wenigen Jahren gibt es den Lehrberuf »Servicekaufmann/-frau im Luftverkehr«: Die Ausbildung dauert drei Jahre in Betrieb und Berufsschule, Ausbildungsbetriebe sind Fluglinien, Abfertigungsgesellschaften und Flughäfen. Die Azubis lernen nicht nur, was an Bord verlangt wird, sondern darüber hinaus auch kaufmännisches Wissen wie Rechnungs- und Personalwesen, Marketing, Vertrieb und sind deshalb in allen Bereichen, auch als Bodenpersonal, einsetzbar. Voraussetzungen sind Abitur oder sehr guter Realschulabschluß, das Beherrschen von mindestens einer Fremdsprache, Kommunikationsfähigkeit und Sicherheit im Umgang mit Menschen.[21]

Filmstar, Sängerin

Berufe im Showbiz sind wahre Traumberufe, denn sie erfüllen sich für nur wenige Menschen. Zusätzlich zu einem attraktiven Äußeren werden hier – im Gegensatz zum Model – unbedingt auch künstlerische Talente und Fähigkeiten verlangt. Filmschauspieler und Schlagersänger waren in den 50er und 60er Jah ren die größten Jugend-Idole. Junge Mädchen imitierten z. B. Frisur und den Schmollmund von Brigitte Bardot. In Deutschland galten Karin Baal (u. a. in dem Film »Die Halbstarken« mit Horst Buchholz) und

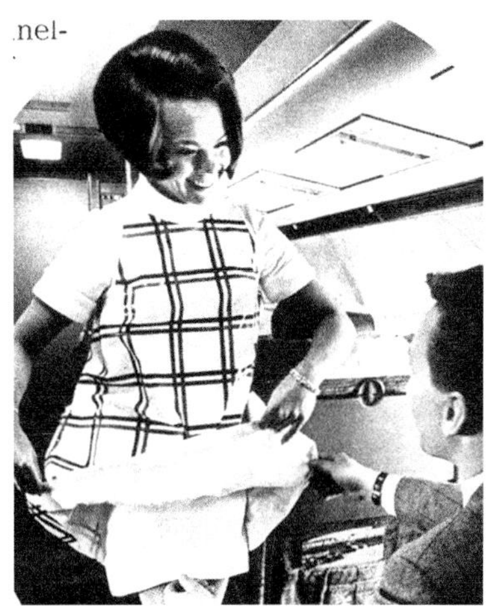

Abbildung in der Reportage: »Wie man Männer anschnallt« (Neue Revue, 1966)

Marion Michael (*Liane – Das Mädchen aus dem Urwald* u. a.) als »deutsche Bardots«. Conny Froboess verkörperte dagegen den frischen, modernen Typ eines braven jungen Mädchens. Mit dem Erfolg der »Beatles« Anfang der 60er Jahre wurde alles anders. In Folge dominierten (fast ausschließlich männliche) Rockmusiker als Idole für die Jugend. »Rockröhre« Suzy Quattro in den 70ern war eine der wenigen Ausnahmen.
Dabei haben gerade Damenkapellen eine lange Tradition. Sie existierten bereits in der Kaiserzeit. Als reisende Musikerinnen verdienten sie ihr Geld in seriösen Varietés wie in Hafenkneipen.[22] Auch wenn Damenkapellen eine Zeitlang sehr populär waren, erhielten die Musikerinnen für gleiche Arbeit sehr viel geringere Gagen als Männer.
Heute sind Sängerinnen und Girl-Groups nicht weniger erfolgreich als ihre männlichen Kollegen und können sich genauso professionell vermarkten.
Sängerinnen wie Britney Spears, Shakira, Christina Aguilera und Kylie Minogue sowie Gruppen wie die Spicegirls gehören zu den Superstars.
Doch das, was in der Rock- und Popmusik zutrifft, gilt nicht für den Bereich der sogenannten ernsten Musik. Obwohl viele Orchester Musikerinnen beschäftigen, gibt es nur wenige Dirigentinnen. Der Job am Pult ist eine der letzten Männerdomänen. Dabei sind 54% aller Musikstudenten Frauen, 25% der angehenden Dirigenten sind weiblich, dennoch gab es 2004 in Deutschland nur drei Generalmusikdirektorinnen.

Fernsehansagerin

Ein Beruf, für den es in früheren Zeiten keine Entsprechung gibt, ist der Beruf der Fernsehansagerin. In den 50er und 60ern wurde er zum Modeberuf. Als erste Fernsehansagerin wurde die Schauspielerin Ursula Patzschke in den 30er Jahren vom Reichspostzentralamt eingestellt. Erst nach dem Krieg trat das Fernsehen seinen Siegeszug in die deutschen Wohnzimmer an und machte den bisher unbekannten Beruf der Fernsehansagerin populär.

1950 startete der NWDR (Nordwestdeutscher Rundfunk, Vorläufer des NDR) dreimal pro Woche ein Versuchsprogramm. Weihnachten 1952 begannen die Fernsehsender Köln und Hannover mit ihrem Programm. Erstmalig wurde Die Tagesschau ausgestrahlt. Die wenigen Zuschauer waren begeistert, und schon zu Jahresbeginn 1953 war die Zahl der Fernsehhaushalte auf 7000 angewachsen. 1955 waren es schon 100.000, und heute schauen 35 Millionen Zuschauer in die Röhre. Am 1.11.1954 begann offiziell das Gemeinschaftsprogramm Deutsches Fernsehen mit dem Bayerischen Rundfunk, dem Hessischen Rundfunk, dem Nordwestdeutschen Rundfunk, dem Süddeutschen Rundfunk, dem Südwestfunk und dem Sender Freies Berlin. 1961 kam das Zweite Deutsche Fernsehen in Mainz dazu. Alle diese Sender beschäftigten Damen, die das nachfolgende Programm ansagten und die damals noch unumgänglichen Umschaltzeiten überbrückten.

Die erste Fernsehansagerin nach dem Krieg war Irene Koss (1928–1996). Auch die Namen anderer Fernsehansagerinnen der ersten Stunde waren den Zuschauern wohlbekannt: Hilde Nocker – sie moderierte vor allem Kindersendungen; Ursula von Manescul, Anette von Arentin sowie Petra Schürmann, die erste Deutsche, die 1956 zur »Miss World« gewählt wurde. Fernsehansagerinnen hatten stets modisch gekleidet und tadellos frisiert zu sein. Sie wurden Vorbilder für die Nation, die an deren Lebenswandel regen Anteil nahm. Als die damals 21jährige Edelgard Stössel (ZDF) 1965 bei einer Fastnachtsparty in einem kurzen, durchsichtigen Babydoll-Nachthemd fotografiert wurde, wurde sie fristlos entlassen.

Conny Froboess, Sängerin und Schauspielerin (1962)

Uschi Siebert, Assistentin von Hans Joachim Kulenkampff (1959)

Frauen als Nachrichtensprecherinnen waren in der Frühzeit des Fernsehens undenkbar. Man hielt sie für zu emotional, um Katastrophen-Nachrichten zu lesen, ohne in Tränen auszubrechen. Nach Meinung damaliger Fernsehmacher verstanden Frauen weder etwas von Politik, noch von Sport. Als erste Frau durfte Wibke Bruhns 1971 die *heute*-Nachrichten verlesen, jedoch erst fünf Jahre später begann mit Dagmar Berghoff die Ära der weiblichen Nachrichtensprecher. 23 Jahre lang war sie Sprecherin der Tagesschau. Heute kann die verantwortliche Position des »anchor man« genauso von einer »anchor woman« ausgeübt werden. Seit dem 14.04.2001 moderierte Anne Will die Tagesthemen im Wechsel mit Ulrich Wickert.

Eine weitere, ehedem rein männliche Fernsehdomäne wurde inzwischen von Frauen erobert: die Sportmoderation. Carmen Thomas erhielt vor 30 Jahren noch Schmäh- und Drohbriefe vor ihrer ersten Sendung. Als sie sich einmal versprach und »Schalke 05« statt »Schalke 04« sagte, fühlten sich die Kritiker bestätigt: Frauen verstehen nichts von Fußball. Heute sind Frauen in Sportsendungen alltäglich. Die Fernsehansagerinnen der Anfangsjahre hatten oft eine Schauspielausbildung. Die meisten Moderatorinnen von

Berühmte Journalistinnen

Mary Katherine Goddard (16.6.1738–12.8.1816), geb. in Connecticut, Druckerin und Herausgeberin mehrerer Publikationen wie *Providence Gazette, Pennsylvania Chronicle, Maryland Journal , Baltimore Advertiser*. 1777 druckte sie die Amerikanische Unabhängigkeitserklärung.

Maria W. Stewart (1803–1879), erste schwarze Journalistin der USA, schrieb für den Liberator, der von 1831 bis 1865 erschien, und ermutigte Frauen dazu, sich unabhängig von den Männern zu machen. Stewart schrieb zu einer Zeit, als die Öffentlichkeit nicht hören wollte, was Frauen oder Schwarze zu sagen hatten. Obwohl sie die meiste Zeit ihres Lebens ums Überleben kämpfte, war sie eine Pionierin und ebnete den Weg für zukünftige schwarze Journalistinnen.

Marie d´Agoult (23.12.1805–5.3.1876) geb. Marie-Catherine-Sophie de Flavigny, in Frankfurt/Main, verheiratete Comtesse d´Agoult. Die Tochter des Grafen Alexandre-Victor de Flavigny, eines vor der Französischen Revolution geflüchteten Adeligen, und Marie-Elisabeth Bethmann, einer Tochter des wohlhabenden Bankiers Bethmann, schrieb unter dem Pseudonym Daniel Stern. Nach Beendigung ihrer Affäre mit Franz Liszt 1844 begann sie ihre Karriere als Journalistin für das liberale Journal *La Presse*. In ihren politischen Zeitungsberichten nahm Marie kein Blatt vor den Mund. In ihrer Kritik an Louis-Napoleon war sie gnadenlos. Zwischen 1850 und 1854 veröffentlichte sie ihre dreibändige Geschichte der Revolution, die auf Augenzeugenberichten basiert.

Margaret Fuller (23.5.1810–19.7.1850) war die erste weibliche Auslandskorrespondentin in den USA. Zwischen 1840 und 1842 gab sie vierteljährlich eine literarische Publikation heraus, für die sie selbst zahlreiche Artikel schrieb, so 1843 ein Essay, in dem sie für die Gleichheit von Männern und Frauen eintrat. 1846 wurde sie Auslandskorrespondentin der *New York Tribune*. Während eines Rom-Aufenthalts 1847 verliebte sie sich in den Grafen Giovanni Angelo d´Ossoli, einen Revolutionär. Sie bekamen ein Kind und heirateten im folgenden Jahr. Ihr Schiff, das sie 1850 nach Amerika bringen sollte, erlitt Schiffbruch und sank am 19.7.1850.

Eleanor Roosevelt (11.10.1884–7.11.1962), geb. in New York, war die erste Radiokommentatorin der Geschichte. Als sie am 17.3.1905 ihren Cousin fünften Grades, Franklin D. Roosevelt heiratete, stellte sie ihr Leben ganz in den Dienst an ihrem Mann und ihrer Familie, zu der bald fünf Kinder gehörten, ein sechstes starb kurz nach der Geburt. Nach einer Ehekrise und der schweren Erkrankung ihres Mannes an Kinderlähmung reiste sie an seiner Stelle im Land umher und nahm Kontakt zu der Bevölkerung auf. Sie wurde in der Frauenliga aktiv und trug maßgeblich dazu bei, dass Frauen 1920 das Wahlrecht bekamen. Als Roosevelt 1933 Präsident der Vereinigten Staaten wurde, war Eleanor besser als alle First Ladies vor ihr auf ihre Aufgabe vorbereitet, die von ihr neu definiert wurde.

Berühmte Journalistinnen

Sie hielt z.B. eigene Pressekonferenzen ab, zu denen nur Frauen zugelassen waren. Sie hielt Vorlesungen und vertrat als erste Frau ihre Meinung in Radiokommentaren und einer eigenen Zeitungskolumne unter dem Titel *My Day*, die täglich von 90 Zeitungen gedruckt wurde. 1946, ein Jahr nach dem Tod ihres Mannes, wurde sie Vorsitzende der Menschenrechtskommission der Vereinten Nationen.

Dorothy Parker (22.8. 1893–7.6.1967), geb. Rothschild, eine der bedeutendsten amerikanischen Schriftstellerinnen, war ebenso als Theater- und Literaturkritikerin bekannt. Zwischen 1927 und 1933 schrieb sie ihre berühmten Kolumnen *Constant Reader* für den *New Yorker*. 1937 war sie politische Korrespondentin im Spanischen Bürgerkrieg. Sie starb einsam in einem New Yorker Hotelzimmer. Ihren Nachlass vermachte sie Martin Luther King und der National Association for the Advancement of Colored People.

Marion Gräfin Dönhoff (2.12.1909–11.3.2002), geb. auf Schloss Friedrichstein in Ostpreußen. Ihr Vater war ein Mitglied des Preußischen Herrenhauses, ihre Mutter Hofdame der Kaiserin Auguste Viktoria. Ab 1932 studierte Dönhoff Volkswirtschaft in Frankfurt/Main. Nach der Machtergreifung Hitlers im Jahr 1933 war sie im Widerstand tätig. Nach der Verhaftung der Hitler-Attentäter 1944 geriet Dönhoff ebenfalls unter Verdacht, wurde aber wieder freigelassen. Sie reiste als Beobachterin zu den Nürnberger Prozessen, wo sie mutig das einseitige Deutschlandbild der Alliierten kritisierte, die damals den deutschen Widerstand noch nicht zur Kenntnis nahmen. 1946 wurde sie freie Mitarbeiterin der *Zeit*, wo sie bald für ihre kritischen Artikel bekannt wurde. 1955 wurde sie Ressortleiterin für Politik und stellvertretende Chefredakteurin, 1968 Chefredakteurin, 1971 Herausgeberin der *Zeit*. In mehreren Büchern trat sie für Frieden und Versöhnung mit den Ländern Osteuropas ein. Dafür wurde ihr 1971 der Friedenspreis des Deutschen Buchhandels verliehen. Ihre Artikel und Publikationen trugen wesentlich zur politischen Meinungsbildung in Deutschland bei.

Margret Dünser (1926–1980), Fernsehjournalistin, gelang das Kunststück, den Klatsch gesellschaftsfähig zu machen. Wie Elsa Maxwell, die berühmteste »Klatschtante« der USA, deren Zunge gefürchtet war, verkehrte sie mit den Schönen und Reichen auf gleicher Ebene, doch ging sie mit ihren Interviewpartnern taktvoll um. Das befähigte sie dazu, auf hohem Niveau zu plaudern. So unterhielt sie sich mit Richard Widmark über Rilke, mit Richard Burton über den Tod, mit Curd Jürgens über seine Midlife-Krise. Sie interviewte u.a. Tennessee Williams, John Wayne, Alfred Hitchcock, Edward Kennedy. Die Interviews wurden anschließend von ihr verständnisvoll ironisch kommentiert. 1971 wurde die *V.I.P.-Schaukel* erstmalig im ZDF ausgestrahlt, im Mai 1980 die letzte. Jeweils 45 Minuten lang nahmen die Zuschauer teil am Leben der Superreichen und Supermächtigen, Dünser wurden Einblicke in deren Leben gewährt, die anderen Journalisten verschlossen blieben. Bis heute ist die Sendung in ihrer Qualität unerreicht.

Was geschah im Jahr 1964?

- Martin Luther King erhält den Friedensnobelpreis
- J.P. Sartre bekommt den Nobelpreis für Literatur dessen Annahme er verweigert
- Rassenunruhen in den USA; Studentenunruhen an der Universität Berkeley
- Ingmar Bergmans Film *Das Schweigen* wird wegen seiner sexuellen Offenheit kritisiert
- Der Film *Yeah Yeah Yeah!* mit den Beatles kommt in die Kinos
- Geraldine Mock (USA) fliegt als erste Frau allein in 28 Tagen um die Erde
- In der Damenmode dominieren knielange, enge Röcke. Modefarbe ist Blau.
- Barbie erobert Deutschland.

heute sind ausgebildete Journalistinnen mit Abitur und einem abgeschlossenen Studium. Sie haben häufig eine Laufbahn als Redakteurin bei einer Zeitung oder beim Rundfunk hinter sich.

Reporterin

Immer da sein, wo etwas los ist, auf Du und Du mit Prominenten – so stellen sich viele junge Mädchen den Beruf einer Reporterin vor. Als Traumberuf steht der Beruf nicht an erster Stelle, aber damals wie heute nimmt er einen der vorderen Plätze ein.
Reporterinnen sind immer hautnah am Geschehen und vermitteln den Zuschauern das Gefühl, selbst mit dabei zu sein. Reporter sind Journalisten; sie arbeiten für die Presse (Tageszeitungen und Zeitschriften), für Rundfunk und Fernsehen, Nachrichtenagenturen und Pressedienste, in der Öffentlichkeitsarbeit von Behörden und Firmen. Noch neu ist die Tätigkeit als Online-Journalist. Manchmal sind Journalisten fest angestellt, häufig jedoch auch freiberuflich tätig.

Die Pressefreiheit ist ein wesentlicher Teil einer Demokratie. Da Journalisten maßgeblich an der öffentlichen Meinungsbildung beteiligt sind, werden an sie hohe Ansprüche gestellt. Sie müssen vielseitig interessiert sein und gut schreiben können. Fundierte Sachkenntnisse in ihrem jeweiligen Spezialgebiet sind für sie genauso erforderlich wie eine sehr gute Allgemeinbildung, denn sie müssen bei ihrer Arbeit in der Lage sein, Hintergründe und Tendenzen zu erkennen und Spezialwissen für die Leser/Zuschauer/Zuhörer verständlich zu machen.

Journalist wird man durch ein sechs- bis zehnsemestriges Studium an einer Hochschule, eine neun Monate bis zwei Jahre dauernde Ausbildung an einer speziellen Journalistenschule und/oder ein mindestens 18 Monate dauerndes Volontariat bei einer Zeitung oder Zeitschrift, bei einer Rundfunk- oder Fernsehanstalt. Die Auswahlkriterien sind sehr hoch. Seit den 80er Jahren sind einige große Verlage dazu übergegangen, ihre journalistischen Mitarbeiter selbst auszubilden (z. B. die *Henri-Nannen-Schule Gruner+Jahr* und *Zeit*). Auch *Springer, Burda und Holtzbrinck* unterhalten eigene Journalistenschulen.

Barbies Berufe

Mannequin war Barbies erster Beruf, denn als Teenage Fashion Model wurde sie 1959 auf der Spielzeugmesse gepriesen; die frühen, sehr damenhaften Kleider der 60er Jahre scheinen demnach auch nicht so recht einer 17jährigen zu passen. Die Eleganz von Commuter Set, Evening Splendour, Roman Holiday, Gay Parisienne oder Gold n´Glamour ist die einer erwachsenen Frau. Barbie modelt nur die Kleider, die sich die Damen in exklusiven Modesalons wie dem Fashion Shop vorführen lassen. 1967 entpuppte sich Barbie als Twiggy, das damals berühmte Model.

Barbie ist jedoch nicht Model geblieben, sondern hat auch andere Berufe in der Modebranche gelernt. Als Busy Gal zeichnete sie Mode, als Junior Designer entwarf sie selbst Modelle und als Fashion Editor war sie Herausgeberin einer Modezeitschrift.

Reporterin war Barbie bereits 1965 in dem Buch »Barbie löst ein Geheimnis. Sie meisterte ihre Aufgabe im gleichen Jahr, in dem sie Fashion Editor wurde.

Als Stewardess reist Barbie seit 1961 um die Welt, zunächst bei American Airlines, später bei PanAm (1966), 1967 flog sie für die texanische Fluglinie Braniff, und von

Oben:

Ballerina Barbie (1976)

Links:

Fototermin für Barbie: Swirl Ponytail in On the Avenue, Twist n' Turn in Intrigue; Ponytail* in Gold n' Glamour; Twist n' Turn in Variation von Intrigue*

Schon seit 1965 ist Barbie mit ihrer Kamera oder einer Mappe als Reporterin unterwegs: Hier eine Swirl Ponytail* in Fashion Editor und eine Ponytail* in Busy Gal (S. 49)

Rechts von oben:

Twiggy(1967) in verschiedenen Outfits (1968):

Mini-Mode Nr. 1725;
Sportlich Nr. 1726;
International Nr. 1727;

Live Action (1970) mit Ken;
Barbie und J. P. Christie
in London Nr. 1728

1973 bis 1975 kümmerte sie sich um die Passagiere der United Airlines.

Ihre Karriere als Sängerin begann mit einem Paukenschlag: Solo in the Spotlight ist ein atemberaubendes Outfit, in dem Barbie aussieht wie Marilyn Monroe bei ihrem legendären Geburtstagsständchen für John F. Kennedy. Später wechselte Barbie die Musikrichtung und orientierte sich mehr am jugendlichen Geschmack: Bei Live Action, Rockstars und Beyond Pink geht die Post ab. Barbie ist jedoch nicht nur in der Disco, sondern auch auf den »Brettern, die die Welt bedeuten« zu Hause. In ihrem Little Theater spielte sie als Schauspielerin schon 1964 verschiedene Rollen: Aschenputtel (Cinderella), Genoveva (King Arthur), eine Haremsdame (in Arabian Nights) und Rotkäppchen (Rotkäppchen und der Wolf).

Auf eine Solokarriere als Ballerina arbeitete Barbie seit 1961 hin. Heute tanzt sie die berühmtesten Tschaikowski-Ballette, sogar in Filmen.

Der Beruf der Fernsehansagerin war in den 50er und 60er Jahren in den USA nicht so populär wie in Deutschland. Es gibt keine Barbie mit diesem Berufsbild.

Der Fashion Shop war Barbies erste Boutique, später folgte Fashion Plaza, ein Kaufhaus mit Rolltreppe. Ein Kiosk, eine weitere Boutique, ein Café, eine Tierhandlung usw. kamen hinzu. Bei solchen Rollenspielzeugen wurden immer alle Bereiche nachgespielt, also auch der Part der Verkäuferin.

Frisuren waren für Barbie immer wichtig, immer wieder wurden Vorrichtungen erfunden, die eine Variierung von Barbies Frisur ermöglichten, z.B. Quick Curl und Growing Hair Barbie.

Oben links:

Barbie in Solo in the Spotlight:

Ponytail in Busy Gal*

Als Student Teacher unterrichtete sie erstmals von 1965 bis 1966 Kinder in Geographie. Barbie studierte im College-Foldout von 1965. Hier teilte sie sich ein Zimmer mit Midge, ihrer besten Freundin.
Zwischen den Vorlesungen und Seminaren stärkten sich die Studenten in der Milchbar des Sweet-Shop, feuerten die Unimannschaft beim Baseball an oder plauderten auf dem Weg zum Verbindungstreffen (Sorority Meeting) mit Kommilitonen, die ihr Diplom bereits in der Tasche hatten (Graduation). Abends fuhr man ins Autokino – denn Entspannung muss auch sein!

Oben:
Bubble Cut in Graduation*

Rechts von oben:

Barbie and Skipper School (1965) im Klassenzimmer
SL Skooter (1965) in School Girl; Ponytail* in Student Teacher*

Ein McDonalds Stand ist in Barbies Welt auch vertreten. Hier jobbt Barbie in den Schul- bzw. Semesterferien.

Barbie goes to College
mit diversen Barbies
aus den 60er Jahren

Von oben:

American Girl in Sorbonne,*
Bubble Cut in Sorority Meeting*
und Bubble Cut in Graduation*

*Color Magic und Bubble Cut**

Bubble Cut, Francie und Midge*

Soziale Berufe gehören zu den ersten, die Barbie ausübte. Schon als Schülerin war sie Babysitter und spätestens nach ihrer Tätigkeit als Candy Striper Volunteer war ihr klar, was sie werden wollte: eine Registered Nurse.
1973 wurde Barbie erstmals Ärztin. Ihre Op-Kleidung mit Kopfbedeckung und Mundschutz lässt auf eine Tätigkeit als Chirurgin schließen. Kinderärztin, Zahnärztin und Tierärztin mit eigener Praxis sind Berufe, die Barbie heute ganz selbstverständlich ausübt.
Als Paläontologin nimmt Barbie an Ausgrabungen teil. Ihr Spezialgebiet ist die Kreidezeit mit Riesenechsen und Sauriern. Auch Meeresbiologin ist sie schon gewesen; als Walexpertin studiert sie das Verhalten von Killerwalen.
Als Zoologin nimmt sie an Expeditionen in Afrika teil, wo sie die Lebensweise verschiedener Tiere untersucht.

Oben:

Sekretärin oder Bankangestellte?
Quick Curl (1973)
in Happy Go Pink (1969)

Rechts von oben:

Der Fashion Shop war Barbies erste Boutique

Quick Curl mit einer Takara Barbie (Friseursalon nicht von Mattel).

Von oben links:

Barbie Babysitter

SL Midege (1963) in Candy Striper Volunteer (1964);*

Swirl Ponytail (1964) in Registered Nurse (1961)*

Krankenschwester Julia (1969)

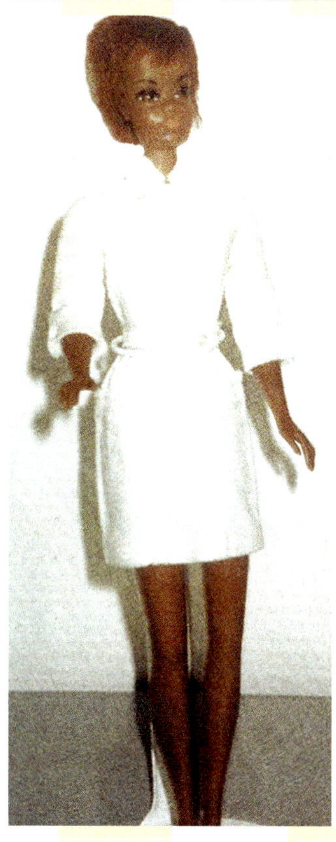

Barbie 1965 als Reporterin in dem Buch »Barbie löst ein Geheimnis«.

Paleontologist

Dinosaurs walked the earth 150 million years ago. It's exciting to find out about creatures that lived so long ago by looking at the clues they left behind. I am a paleontologist – a scientist who studies rocks to find fossils of dinosaurs.

I have lots of useful pockets in my vest for tools

Digging for clues
When an important fossil is found it is measured and a note is made of exactly where it was discovered. Then it is dug up and very carefully taken to a laboratory to be studied.

I use a small trowel to help dig up fossils

Back at the lab
A paleontologist spends a lot of time in the laboratory cleaning up and studying fossils. They are often buried deep in rock, and it can take months or even years to clean them up.

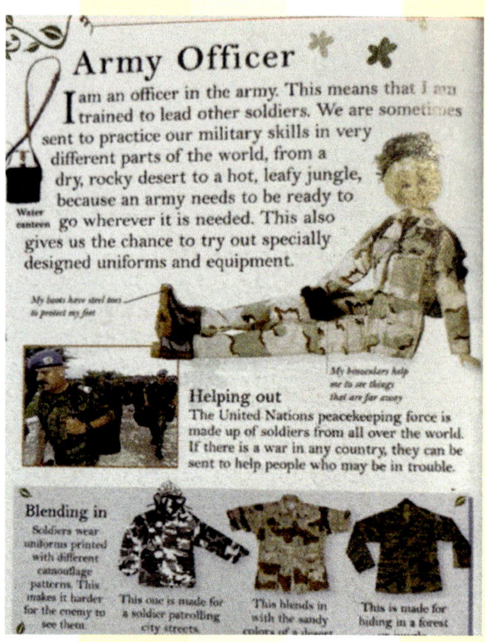

Army Officer

I am an officer in the army. This means that I am trained to lead other soldiers. We are sometimes sent to practice our military skills in very different parts of the world, from a dry, rocky desert to a hot, leafy jungle, because an army needs to be ready to go wherever it is needed. This also gives us the chance to try out specially designed uniforms and equipment.

Water canteen

My boots have steel toes to protect my feet

My binoculars help me to see things that are far away

Helping out
The United Nations peacekeeping force is made up of soldiers from all over the world. If there is a war in any country, they can be sent to help people who may be in trouble.

Blending in
Soldiers wear uniforms printed with different camouflage patterns. This makes it harder for the enemy to see them.

This one is made for a soldier patrolling city streets

This blends in with the sandy colors of a desert

This is made for hiding in a forest

Vier Abbildungen aus dem Buch »Career Girl« über spielerisches Lernen mit Barbie
© Dorling Kindersley, London 2000

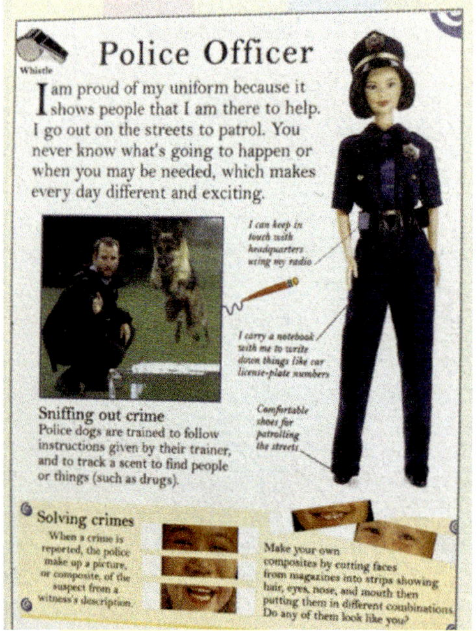

Whistle

Police Officer

I am proud of my uniform because it shows people that I am there to help. I go out on the streets to patrol. You never know what's going to happen or when you may be needed, which makes every day different and exciting.

I can keep in touch with headquarters using my radio

I carry a notebook with me to write down things like car license-plate numbers

Comfortable shoes for patrolling the streets

Sniffing out crime
Police dogs are trained to follow instructions given by their trainer, and to track a scent to find people or things (such as drugs).

Solving crimes
When a crime is reported, the police make up a picture, or composite, of the suspect from a witness's description.

Make your own composites by cutting faces from magazines into strips showing hair, eyes, nose, and mouth then putting them in different combinations. Do any of them look like you?

You can vote, too!
If you and your friends or family can't agree on something, draw up a voting paper, or ballot, for everyone. Each person puts a mark by their choice, and puts it in a box to be counted. The choice with the most marks wins!

Politician

I belong to a political party – a group of people with similar ideas about how a country should be run. We want people to vote for us so that we will become elected and have the power to change and improve things like schools, hospitals, and transportation.

My clothes are neat and businesslike

My briefcase is full of papers and reports for me to read

Vote for me!
When a political party is trying to get into power, they often tour the country persuading people to vote for them by explaining how their party plans to improve people's everyday lives.

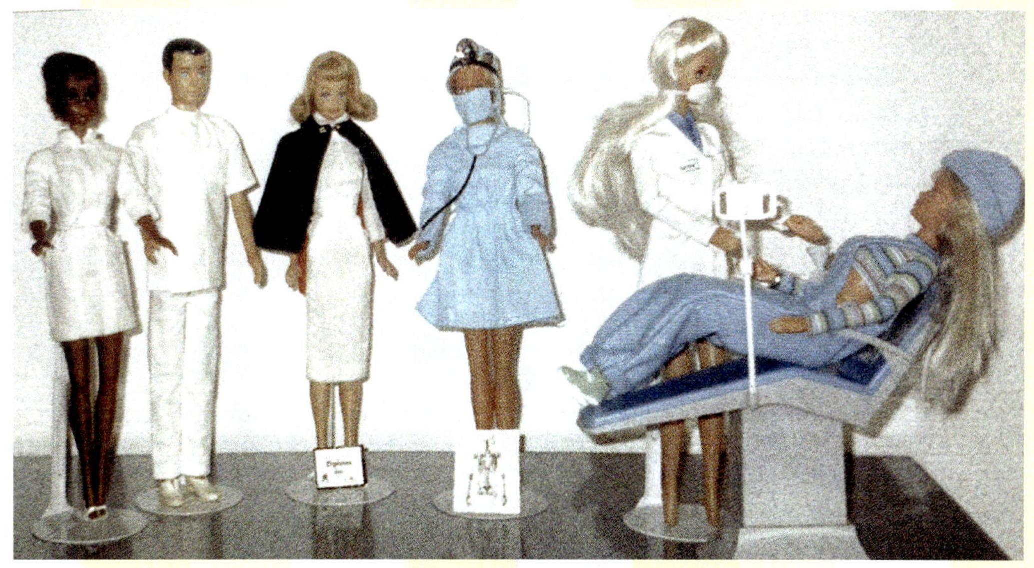

Oben:

Julia (1969); SL Ken (1964) in Dr. Ken (1963); SL Midge* (1963) in Registered Nurse (1961); Barbie (70er Jahre) in Get-Ups´n Go 7700 (1973),*

Darunter:

Kinder bei paläontologischen Studien (Abbildung aus: Career Girl © Dorling Kindersley, London 2000

Links außen:

Barbie als Meeresbiologin

Rechts außen:

Paläontologin mit Riesenechsen

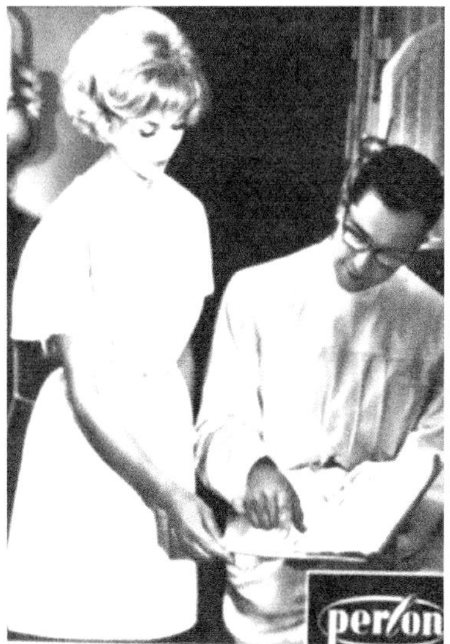

Von oben:

An die Architektengehilfin und die Arzthelferin wendet sich die Werbung für Perlon 1962.

Weibliche Berufstätigkeit in der Realität

Anmerkungen siehe S. 102/03

Bei Kriegsende kamen auf 100 Frauen zwischen 25 und 40 Jahren nur 77 Männer. Der Frauenanteil bei den abhängig Beschäftigten stieg in den 50er Jahren von 4,3 auf 6,8 Millionen an. Die tarifliche Wochenarbeitszeit wurde Mitte der 50er von 49 auf 44 Stunden gesenkt. Teilzeitarbeit gab es damals noch nicht, auch keine Arbeitslosigkeit, sondern »Vollbeschäftigung«. Auch viele Frauen ohne Beruf halfen bei Wiederaufbau und Wirtschaftswunder als ungelernte Kräfte in Fabriken, in den Versandabteilungen großer Kaufhäuser, in Landwirtschaft, Supermärkten und Gastronomiebetrieben mit, in denen sie deutlich geringere Löhne und Gehälter erhielten als ihre männlichen Kollegen. Die Forderung nach »gleichem Lohn für gleiche Arbeit« wurde laut. Bis heute ist sie nicht überall erreicht worden. 2003 gab es 38.246.000 Erwerbstätige in Deutschland, darunter waren 17.901.000 Frauen. 58% aller Frauen im erwerbsfähigen Alter gehen einer Arbeit nach. Der durchschnittliche Stundenlohn eines männlichen Arbeiters betrug im März 2004 38,0 Euro brutto, eine Arbeiterin verdient nur 37,3 Euro, die durchschnittlichen Brutto-Wochenverdienste liegen bei 587 Euro (Männer) und 434 Euro (Frauen). Männliche Angestellte verdienten durchschnittlich 4055 Euro, Frauen 2.878 Euro. Bei den Angestellten im Einzelhandel verdienten Männer durchschnittlich 4.634 Euro im Monat, Frauen nur 2.025 Euro.[23] In den neuen Bundesländern ist der Einkommensunterschied zwischen Männern und Frauen nicht so groß wie im Westen: Weibliche Angestellte verdienten im Jahr 2002 durchschnittlich 2095 Euro brutto, Arbeiterinnen 1481 Euro, das sind 23 bzw. 22% weniger als die Männer. 63% der deutschen Mütter (15-65 Jahre) sind erwerbstätig, vor allem solche mit größeren Kindern; drei von fünf Frauen sind teilzeitbeschäftigt.[24] Laut einer EU-Statistik sind nur 3,5% der erwerbstätigen Frauen in Deutschland in Führungspositionen beschäftigt – im EU-Durchschnitt sind es 5,6%. Von den 525 Vorstandsposten der hundert größten Unternehmen Deutschlands sind nur sieben mit Frauen besetzt.[25]

Oben von links:

»Adrett im Büro«, lautet 1960 die Werbung für ein Deodorant.

»Wir Frauen haben es nicht leicht, in der Berufswelt unseren Mann zu stehen« , heißt es in einer Reportage über den Beruf der Sekretärin. (Neue Mode, 1979)

Sekretärin

Sekretärin ist ein typischer Frauenberuf: das Bollwerk, das den – zumeist männlichen – Chef vor ungebetenen Besuchern sowie Anrufern schützt. Beflissen erledigt sie alle anfallenden Büroarbeiten, hat alle wichtigen Termine – geschäftliche und private wie den Hochzeitstag des Chefs – im Kopf und ist sich dennoch nicht zu schade, für ihren Vorgesetzten Kaffee zu kochen. Das Wort »Sekretärin« ist von dem lat. Wort für Geheimnis, »secreta«, abgeleitet; eine Sekretärin genießt demnach eine Vertrauensstellung. Auch heute noch wird von Sekretärinnen erwartet, loyal und diskret zu sein.

Bis ins 20. Jahrhundert hinein gab es ausschließlich männliche Sekretäre, die Diktate handschriftlich aufnahmen, wie bereits die Schreiber in mittelalterlichen Klöstern. Mit dem Aufkommen der Schreibmaschinen um 1880 eroberten sich Frauen nach und nach diese Positionen. Vor allem Frauen des Kleinbürgertums und der unteren Mittelschicht, die zu gut erzogen waren, um in Fabrik oder als Verkäuferin in einem Laden zu arbeiten, aber zu arm, um zu heiraten, bildeten den Kern der weiblichen Büroangestellten. Doch erst seit der Weimarer Republik eroberten sich die Frauen auch die Vorzimmer.

In den 50er Jahren verdiente eine Sekretärin in einem Industriebetrieb 295 Mark netto. Ohne das verbilligte Mittagsessen in der Betriebskantine wäre eine allein

Die Ausbildungsberufe, für die sich Mädchen und Frauen am häufigsten entscheiden, sind 1959 wie 2004 die gleichen: Unter den 20 meistgewählten Berufen stehen folgende vier nach wie vor auf den ersten Plätzen[26]:

- Rang 1
  Bürokauffrau (Sekretärin)
  49.257 Auszubildende (7,4%)
- Rang 2
  Kauffrau im Einzelhandel (Verkäuferin)
  46.288 Auszubildende (7,0%)
- Rang 3
  Arzthelferin
  42.929 Auszubildende (6,5%)
- Rang 4
  Friseurin (Friseuse)
  41.098 Auszubildende (6,2%)

lebende Frau damit kaum ausgekommen, denn für ein Zimmer musste sie ca. 70 Mark im Monat zahlen.[27]

Unter dem Einfluss moderner Technologien hat sich das Berufsbild seit den 50er Jahren deutlich gewandelt. Viele Sachbearbeiter schreiben heute ihre Briefe auf dem PC selbst, was drastische Personaleinsparungen zur Folge hatte. Das klassische Bild einer Sekretärin existiert inzwischen nicht mehr. Von den Büroangestellten wird mehr Verantwortung und größere Selbstständigkeit gefordert. Allerdings verrichten heute Sekretärinnen teilweise Sachbearbeiter-Tätigkeiten, ohne den entsprechenden Status zuerkannt zu bekommen. Dazu erschwert eine noch immer bestehende reservierte Grundhaltung gegenüber hochentwickelter Technologie vielen Frauen den Zugang zu anspruchsvolleren Positionen, für die ein überdurchschnittliches Wissen auf diesem Gebiet erforderlich ist; diese werden noch immer vorrangig von Männern besetzt, Frauen dadurch in untergeordnete Stellungen zurückgedrängt. So kommt es, dass durch Geräte, die eigentlich entwickelt worden waren, um den Sekretärinnen monotone Arbeiten abzunehmen und Kapazitäten für wichtigere Tätigkeiten freizusetzen, traditionelle Hierarchien neu etabliert wurden.

Verkäuferin

Zwei Drittel der Beschäftigten im Einzelhandel sind Frauen, Tendenz weiter steigend, da in diesem Beschäftigungszweig eine große Anzahl Teilzeitarbeitsplätze angeboten werden. Im Wesentlich stehen im Einzelhandelssektor zwei Ausbildungsgänge zur Wahl: eine zweijährige Ausbildung zur Verkäuferin und die zum Aufstieg ins mittlere Management qualifizierende drei-

jährige Lehre zur Einzelhandels-Kauffrau. Nach erfolgreicher Abschlussprüfung besteht die Möglichkeit der Selbständigkeit, jedoch arbeiten die meisten Einzelhandelskaufleute in Fachgeschäften, Kaufhäusern, Supermärkten und Einkaufszentren, wo sie mit dem Warenverkehr und den damit verbundenen kaufmännischen Tätigkeiten beschäftigt sind. (Unternehmen, in denen Kunden fachliche Beratung erwarten, beschäftigen in der Regel Fachpersonal; in Supermärkten und Filialen großer Ketten werden häufig ungelernte Arbeitskräfte eingesetzt.) Nach wie vor entscheiden sich die meisten der weiblichen Azubis für die kürzere Ausbildung. Eine spätere Umorientierung ist zwar möglich, scheitert jedoch häufig an fehlenden Ausbildungsplätzen in dem höher qualifizierten Beruf. Dazu kommt, dass Frauen überwiegend in »frauentypischen« Arbeitsbereichen wie Parfümerie, Schmuck und Haushaltswaren eingesetzt werden, während männliches Verkaufspersonal eher in den Abteilungen anzutreffen ist, die technisches Verständnis erfordern (Bürotechnik, Fotografie, Hifi, Fernseher). Berufliches Fortkommen ist häufig mit einem Ortswechsel verknüpft – auch dies ist für Frauen mit Familie meist unmöglich. Sie wechseln deshalb in solchen Fällen lieber den Arbeitgeber. Wegen den sich daraus ergebenden kürzeren Betriebszugehörigkeitszeiten der Frauen werden sie von den Unternehmen durch innerbetriebliche Weiterbildung auch weniger häufig als Männer gefördert. Frauenarbeit im Einzelhandel ist deshalb auch fast immer Teilzeitarbeit mit hohem Stressfaktor und wenig Entscheidungsmöglichkeiten. Frauen werden häufig sogar nur in Zeiten erhöhten Personalbedarfs eingesetzt, z. B. in der Vorweihnachtszeit.
Durch die veränderten Ladenöffnungszeiten verschlechterte sich vor allem die Situation der Frauen mit kleinen Kindern noch mehr. Viele Frauen sahen sich gezwungen, ihre Arbeit aufzugeben, da sie die ihnen vorgeschlagenen Arbeitszeiten nicht mehr mit ihren familiären Pflichten vereinbaren konnten.

Arzthelferin

Zu den traditionellen Frauenberufen gehören soziale Berufe und solche im Gesundheitswesen. Mit einem Frauenanteil von 100% ist der Beruf Arzthelferin der »weiblichste« unter den Gesundheitsberufen und auch bei jungen ausländischen Frauen beliebt; sie stellen einen großen Prozentsatz der Auszubildenden. Arzthelferinnen assistieren dem Arzt bei der Untersuchung und Behandlung von Patienten, sie erledi-

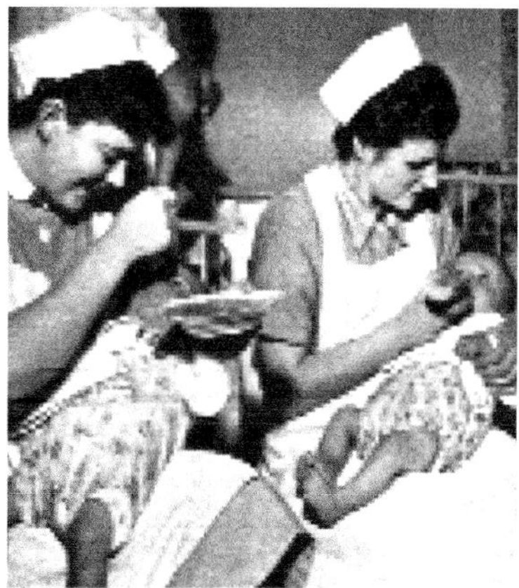

Drei Abbildungen aus einer Reportage über den Beruf der Krankenschwester von 1961

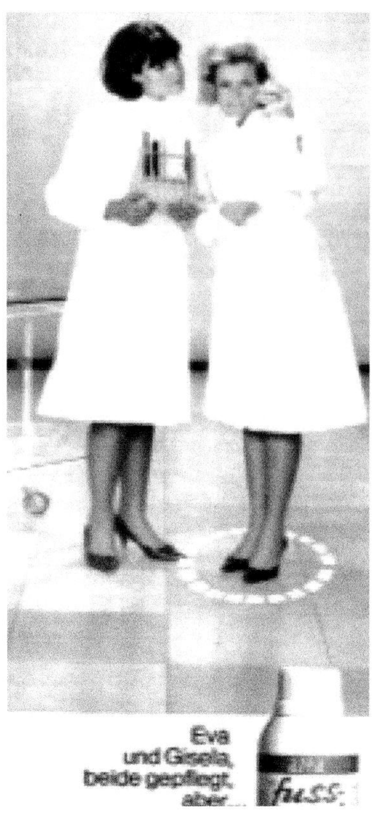

Werbung für »Fußfrisch«, 1965

Unten

Alltag einer Näherin

VEB »Berliner Mode«, 1960
(Ausstellung »Ungleiche Schwestern«
Kat. S. 26, siehe Anm. 2)

gen den Schriftverkehr, die Quartalsabrechnung mit den Krankenkassen und Privatpatienten, führen Labor- und Röntgenuntersuchungen durch und sind Kontaktperson für die Patienten. Außer in Arztpraxen arbeiten sie in Krankenhäusern, Kliniken oder bei Betriebsärzten in Firmen. Für sie gilt Schweigepflicht, wie für die Ärzte.
Die Ausbildung in Arztpraxis oder Klinik und in der Berufschule dauert in der Regel drei Jahre. Es gibt auch Schulen, die Ausbildungen anbieten.
Eine bestimmte Schulbildung ist nicht Voraussetzung. Gefordert werden jedoch außer guten Leistungen in Deutsch, Mathematik, Biologie, Chemie und Physik: eine reife Persönlichkeit im Umgang mit Kranken, Verantwortungsbewusstsein, Ordnungssinn, Interesse an medizinischen und technischen Fragen sowie Fremdsprachen und gute EDV-Kenntnisse.
Geringe gesellschaftliche Wertschätzung, niedriges Einkommen und mitunter wenig attraktive Arbeitsbedingungen machen die berufliche Situation für Arzthelferinnen jedoch oft unbefriedigend.

Friseurin

Früher nannte man sie Friseuse, heute ist Friseurin die richtige Berufsbezeichnung. Der Beruf hat eine jahrhundertealte Tradition. Frauen haben ihn früher jedoch nicht ausgeübt – es sei denn, sie wären als Kammerzofen bei adeligen Damen beschäftigt gewesen. Dann hatten sie auch die Aufgabe, ihre Herrinnen zu frisieren. Jahrhunderte lang trugen die Frauen ihr Haar lang, teilweise verwendeten sie darüber hinaus Perücken, die von professionellen »Haarkünstlern« gepflegt wurden. Mit Brenneisen, Papierpapilloten, Puder und Pomade gab man den Frisuren Form. Im 18. Jahrhundert wurde eine Vorläuferin der Dauerwelle erfunden, die es ermöglichte, das Haar dauerhaft umzuformen. In der Mitte des 19. Jahrhunderts fertigten Damen von Rang zum Zeitvertreib Haararbeiten an, Schmuck aus Haaren, z. B. für Ringe, Hals- und Armbänder sowie Uhrketten wurden modern. Weibliche Friseurinnen in Friseurgeschäften gab es noch nicht. Die große Zeit der Friseure begann nach dem Weltkrieg. Die Frauen schnitten ihre alten Zöpfe ab. Bubikopf, Garçonne- und Etonschnitt sahen jedoch nur dann gut aus, wenn sie ständig nachgeschnitten wurden. Regelmäßige Friseurbesuche wurden nötig. Ende des Jahrzehnts kam der Siegeszug der Dauerwelle, Locken wurden wieder modern. Die 1906 von Karl Nessler erfundene Heißwelle kostete damals 105 Goldmark.[28]

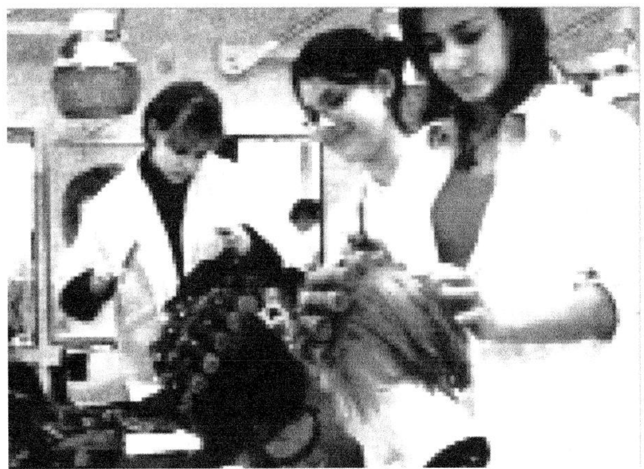

Friseurinnen müssen während der Ausbildung an Übungsmodellen arbeiten.
(RP, 03.04.2004)

Wenn Frauen ins Handwerk gehen, steht der Friseurberuf immer noch an erster Stelle der Wunschliste. Im Jahr 2000 gab es in Deutschland ca. 45.700 Auszubildende zum Friseur, 42.500 davon waren Frauen, das sind 93% bzw. 6% aller weiblichen Auszubildenden.[29] Der Friseurberuf ist der klassische Handwerksberuf, mit dem Frauen sich selbstständig machen können. Möglicherweise ist das ein Grund für seine Beliebtheit.

Wie in den 50er Jahren, so ist auch heute eine große Zahl Frauen in Jobs beschäftigt, für die man keine besondere Ausbildung braucht: Putzen, Kellnern, Kassieren im Supermarkt. Zunächst nur als Möglichkeit für Frauen mit Familie gesehen, die etwas dazuverdienen wollten, sind diese Stellen heute oft die einzigen Beschäftigungs-Möglichkeiten, die sich noch bieten. Diese sogenannten »geringfügigen Beschäftigungen« sind seit dem 1.4.2003 durch das *Zweite Gesetz für moderne Dienstleistungen am Arbeitsmarkt* neu geregelt worden. Die bisher gültige Einkommensgrenze von 325 Euro /Monat wurde auf 400 Euro angehoben, auch die bisherige zeitliche Begrenzung von max. 15 Wochenstunden wurde aufgehoben. Die Arbeitnehmer/innen sind von Abgaben befreit, dafür zahlen die Arbeitgeber 25% der Pauschalabgaben. Die Verpflichtungen der Arbeitgeber ihren geringfügig Beschäftigten gegenüber sind die gleichen wie bei anderen Arbeitnehmern. Dies betrifft auch den bezahlten Urlaub wie Lohnfortzahlung bei Feiertagen. Infolge dessen hat sich die Anzahl der geringfügig Beschäftigten gegenüber dem 3. Quartal 2002 um 1,8 Millionen erhöht; Ende September 2003 wurden 5.875.049 geringfügig Beschäftigte registriert.[30]

Von oben:

In der Ausbildung zur Mechatronikerin (RP, 22.4.2004)

Auch kein Männerberuf mehr: KFZ-Mechanikerin ist bei jungen Frauen beliebt (RP, 07.05.2004)

Den alten Klempner gibt es nicht mehr: Anlagenmechanikerinnen bei der Arbeit (RP, 24.01.2004)

Frauen in Männerberufen

In den vergangenen zwei Jahrzehnten ist der Anteil der im Handwerk beschäftigten Frauen um ca. 4% gestiegen. 2001 waren ca. 30% der insgesamt 5,9 Millionen Beschäftigten Frauen, die überwiegend in den Bereichen Gesundheits- und Körperpflege (70%) und in den Nahrungsmittelhandwerken (58%) tätig sind.[31] Eine besondere Problematik ergibt sich für mitarbeitende Frauen in Familienbetrieben. 77% der unbezahlt in einem Betrieb mitarbeitenden Familienangehörigen sind Frauen. Häufig ist der Ehemann der Geschäftsinhaber, die Frauen sind bei ihm angestellt, in ihren Händen liegt meistens die kaufmännische Seite des Betriebs. Doch nur selten verfügen sie über die berufliche Qualifikation, die für diesen Job nötig wäre. Die soziale Absicherung der Frauen ist oftmals ungenügend. Falls sie z. B. Bankkredite oder Darlehen mit unterschreiben, gelten mitarbeitende Frauen vor dem Gesetz als Mitinhaber, auch wenn für sie als Angestellte und somit abhängig Beschäftigte Sozialabgaben eingezahlt wurden. Im Fall einer Arbeitslosigkeit erhielten einige solcher Frauen in den letzten Jahren kein Arbeitslosengeld.[32] 19% aller Handwerksbetriebe werden von einer Frau geführt bzw. mitgeführt. Damit liegt der Anteil von Frauen an den Führungskräften im Handwerk deutlich über dem der gesamten Wirtschaft.[33] An erster Stelle stehen hier die Friseurbetriebe. Wenn Frauen einen handwerklichen Beruf wählen, so entscheiden sie sich meist für die Ausbildung als Friseurin. 94% der Friseure sind weiblich. Jede sechste der in einem handwerklichen Beruf arbeitenden Frauen ist Friseurin. Weitere Bereiche mit hohem Frauenanteil sind das Gebäudereinigerhandwerk sowie das Bäcker- und Fleischergewerbe. Damit Frauen sich auch für andere als die traditionellerweise von ihnen gewählten Handwerksberufe entscheiden können, ist es nötig, dass entsprechende Informationen bereits in der Schule, z. B. durch Praktika in einem Betrieb oder Veranstaltungen mit Handwerksmeisterinnen, vermittelt werden.

Neue Berufswelten werden erobert

Traditionelle akademische Berufe

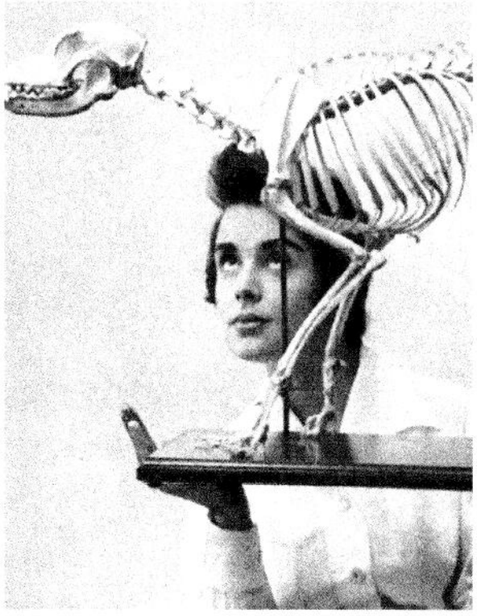

Naturwissenschaftlerinnen und Technikerinnen

Ausgezeichnete Frauen und Patente Frauen

Frauen in Uniform

Sportlerinnen

Studentinnen erobern endlich die Universitätsbibliothek ….

Traditionelle akademische Berufe

Anmerkungen siehe S. 102/03

Es gab zu allen Zeiten einige wenige Frauen, die Berufe ausübten, die heute zu den akademischen gezählt werden, jedoch handelte es sich bei diesen Frauen eigentlich immer um Angehörige der Oberschicht. Auch sie mussten sich meistens gegen viele Widerstände durchsetzen. Bildung war ohnehin ein Privileg der herrschenden Klassen, Bildung für Frauen war lange Zeit nur im geschützten Raum eines Klosters möglich. Im Mittelalter waren es in erster Linie adelige Nonnen, die Bildung bewahrten und weitergaben. Sie übten einen bedeutenden Einfluss auf Kultur und Geistesleben ihrer Epochen aus. Im Regelfall wurden Mädchen jedoch von der Mutter unterrichtet. Erst 1717 wurde in Preußen die allgemeine Schulpflicht eingeführt, die über elementare Wissens vermittlung nicht hinausging. Angehörige gehobener Stände des 19. Jh. konnten ihre Mädchen auf private »Höhere Töchterschulen« schicken. Ziel der Ausbildung war nur die standesgemäße Vorbereitung auf ein Leben als Hausfrau und Mutter, der Besuch dieser Bildungseinrichtungen berechtigte nicht zum Studium an einer Universität. Mit der Frauenbewegung des 19. Jhs. wurde die Forderung nach einer Reform laut; Mädchen sollte der Zugang zu Gymnasium und Universität nicht verschlossen bleiben. Zwar durften bildungswillige Frauen Ende des Jahrhunderts Universitätsvorlesungen besuchen, jedoch waren sie nur als Gasthörer geduldet. Akademische Grade konnten sie nicht erreichen. Generell hielt man Frauen für ungeeignet für das Studium. 1878 behauptete der Münchner Professor Dr. L. Büchner allen Ernstes, dass das um 126 g geringere Gewicht des weiblichen Gehirns die Unterlegenheit der Frauen beweise und sie infolgedessen für das Medizinstudium nicht geeignet seien. Noch im Jahr 1900 veröffentlichte der Neurologe Paul Julius Möbius einen Aufsatz »Über den physiologischen Schwachsinn des Weibes«, in dem er Frauen

... *und auch den Hörsaal*
(beide Abbildungen: Praline, 1962)

jegliche höhere Intelligenz absprach.
In Deutschland dauerte es demzufolge länger als in anderen europäischen Ländern, bis Frauen zu Abitur und Studium zugelassen wurden, 1900 im Großherzogtum Baden, in Preußen 1908, in Mecklenburg erst 1909. In anderen Ländern erhielten sie bereits Mitte des 19. Jhs. Zugang zu den Universitäten. Ausgerechnet die in Bezug auf Frauenrechte so konservative Schweiz ermöglichte bereits 1863 Frauen den Besuch der Universität in Zürich. Viele Ausländerinnen studierten dort, weil es in ihrer Heimat noch nicht möglich war, z. B. Ricarda Huch. 1868 promovierte in Zürich die erste Frau.[34] Auch in Frankreich konnten seit 1863, in Schweden seit 1873, in Dänemark im Jahr 1875, Holland 1878, Norwegen 1882 und in Schottland 1892 Frauen zur Universität gehen. Noch hatten sie nicht Zugang zu allen Fakultäten, z. B. blieben ihnen Theologie und Jura verwehrt. Es waren Fächer wie Medizin und Sprachen sowie Kulturwissenschaften, die von Frauen gewählt wurden, jedoch auch Mathematik und Naturwissenschaften. 1911 studierte fast jede fünfte Frau in Bonn ein naturwissenschaftliches Fach – ein Prozentsatz, der bis heute nicht wieder erreicht wurde.

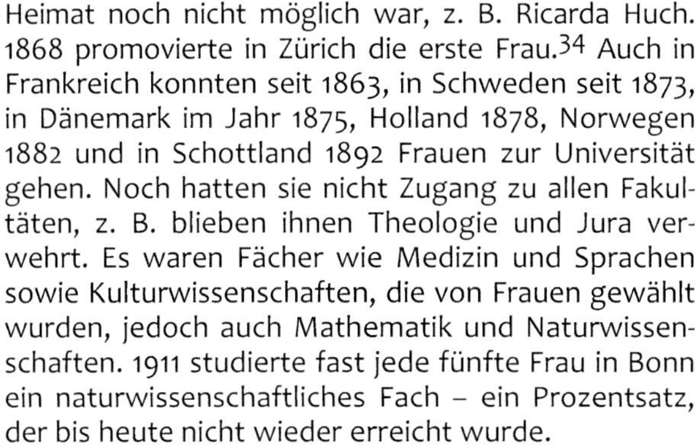

In der Weimarer Verfassung wurde die Gleichstellung von Mann und Frau verankert. Zulassungsbeschränkungen für Frauen wurden aufgehoben und das Recht auf Habilitation wurde gewährt. Bis 1933 erhielten jedoch nur zwei Frauen eine ordentliche Professur: die Chemikerin Margarethe von Wrangell in Stuttgart und die Erziehungswissenschaftlerin Mathilde Vaerting in Jena. Die Nazis waren Akademikerinnen nicht wohlgesonnen. Diese Einstellung gegenüber studierten Frauen war auch in den 50er Jahren noch bemerkbar. Obwohl im Grundgesetz von 1949 gleiche Rechte für Männer und Frauen verankert wurden, betrachteten viele Studentinnen der 50er Jahre ihren Beruf nur als Überbrückung bis zur Ehe. Erst in den 60ern erwachte mit der Studentenbewegung ein neues weibliches Selbstbewusstsein. Heute überwiegt der Anteil der Frauen an den deutschen Universitäten. Im Wintersemester 2002/2003 schrieben sich erstmals mehr

Kollegengespräch unter der Operationslampe (Praline, 1959)

Frauen als Männer ein. 2003 beendeten 105.600 Studentinnen ihr Studium erfolgreich – dies bedeutet eine Steigerung von 7,6% im Vergleich zum Vorjahr. Aber der Vergleich zu den Männern in der weiteren akademischen Laufbahn sieht anders aus: Betrug der Frauenanteil bei den Studienanfängern noch 50,6%, bei den Absolventen noch 47,0%, so waren es nur 38,4% bei den Promotionen und 21,6% bei den Habilitationen. Obwohl mit 51,2% mehr Frauen als Männer an Hochschulen beschäftigt sind, so liegt ihr Anteil unter den wissenschaftlichen Mitarbeitern bei 32,7%; 11,9% bei den Professoren, 8,0% beträgt der Frauenanteil bei den C4-Professoren.[35] Im EU-Vergleich liegt Deutschland auf dem drittletzten Platz.

Ärztin, Tierärtin

Ärztinnen arbeiten in Krankenhäusern und Privatpraxen, in der Forschung und in der Pharmaindustrie. Voraussetzung für den Beruf sind Abitur und ein wissenschaftliches Hochschulstudium mit anschließendem Praktikum.
Tierärztinnen untersuchen, behandeln und pflegen kranke Tiere. Sie arbeiten in einer Kleintierpraxis oder einer Tierklinik. Routineuntersuchungen von Nutztieren und die Überwachung der Hygienevorschriften in Stall und auf der Weide gehören zu den Tätigkeiten in der Großtierpraxis. Auch Zoologische Gärten und Wildparks sowie Gestüte und Reitställe sind Arbeitsgebiete von Tierärzten.
2004 waren 3 Millionen Frauen in Deutschland im Gesundheitssektor beschäftigt, also jede sechste berufstätige Frau. Mit 72% ist ihr Anteil in dieser Branche höher als in anderen Wirtschaftszweigen.[36]
Obwohl heilende und pflegende Berufe seit jeder zu den traditionell weiblichen gezählt werden – Hebammen, Kräuterweiblein und weise Frauen waren Jahrtausende lang im Besitz überlieferten Wissens – waren in der Regel zum Medizinstudium an den Universitäten nur Männer zugelassen. Allerdings war es in Frankreich für Frauen Anfang des 12. Jahrhunderts noch möglich, im Privatstudium den Beruf einer Ärztin zu lernen, auch in Italien gab es im Mittelalter noch lehrende und studierende Frauen, z. B. an der Medizinschule von Salerno, die als die erste europäische Universität bezeichnet wurde. Unter den dortigen Ärztinnen ist Trotula di Ruggiero eine der bekanntesten. Trotula war in vielen Dingen ihrer Zeit voraus. Sie wusste um die Bedeutung von Hygiene, ausgewogener Ernährung und körperlicher Bewegung für die

Gesundheit. Anders als ihre Kollegen behandelte sie Kranke nicht mit Gebeten, Astrologie und Magie, sondern verordnete Salben, Bäder und Massagen. Wegen ihrer ausgezeichneten gynäkologischen Kenntnisse wurde sie von vielen Frauen aufgesucht. Ihr aus diesen Fällen erwachsenes Wissen veröffentlichte sie in medizinischen Nachschlagewerken, die bis ins 16. Jh. als Standardwerke der Medizin galten. In Deutschland wurde die Existenz dieser Ärztin lange Zeit verleugnet, weil sie sich nicht mit dem damaligen Frauenbild vereinbaren ließ. Die erste promovierte Ärztin Deutschlands war Dorothea Erxleben, die am 12. Juni 1754 an der Universität Halle promovierte. Sie hatte von König Friedrich II. 1741 eine Ausnahmegenehmigung für ihr Studium bekommen. Bis zu ihrem Tode 1762 praktizierte sie in Quedlinburg, wo sie von männlichen Kollegen angefeindet wurde. Weder von ihnen noch von ihren familiären Verpflichtungen – sie war verheiratet und hatte neun Kinder zu versorgen – ließ sie sich von der Ausübung ihres Berufs abhalten.

Apothekerin

Die Kenntnis von Kräutern und Heilkräutern gehört zum traditionellen Wissen von Frauen. Jahrhunderte lang wurde in den Apotheken von Frauenklöstern Medizin zubereitet. Zum Pharmaziestudium wurden in Deutschland Frauen jedoch erst 1899 zugelassen. Auch sie hatten mit heftiger Gegenwehr der männlichen Kollegen zu kämpfen. Unter ihnen tat sich der Pharmaziehistoriker Hermann Schelenz (1848–1922) hervor. Für ihn waren Frauen zu labil für ein Pharmaziestudium, er befürchtete zunehmende Selbstmorde der überforderten Apothekerinnen und wollte ihnen unter Hinweis auf vermeintlich häufige Giftmorde von Frauen den Zugang zum Studium verwehren. Magdalena Meub (1881-1966) war die erste Pharmaziestudentin, die sich 1904 an der Technischen Hochschule in Karlsruhe immatrikulierte.[37] 1931 erhielt eine Frau, Hedwig Fink, erstmals die Konzession für eine eigene Apotheke. 1953 waren über 50% der Pharmaziestudenten Frauen. Im Jahr 2004 betrug der Frauenanteil der berufstätigen Approbierten 63%.

Lehrerin

ist einer der Berufe, die Frauen auch früher schon ausübten, sei es als Erzieherin, Gouvernante oder Lehrerin in einer Mädchenschule. Gouvernanten waren zumeist Angehörige des Adels oder des gehobenen Bürgertums,

Angestellte in einem Lebensmittel-. Laboratorium (Praline, 1962)

deren wirtschaftliche Situation es erforderte, dass sie berufstätig waren. Da sie selbst in allem unterwiesen worden waren, was man für eine »Dame von Stand« für erforderlich hielt, waren sie gut geeignet, Eltern bei der Erziehung ihrer Kinder zu unterstützen.
Die Koedukationsbewegung, die Ende des 19. Jh. aus dem westlichen Ausland nach Deutschland kam, öffnete die zum Abitur führenden Schulen schließlich auch für Mädchen. Lehrerinnen wurden in Deutschland jedoch schon 1840 ausgebildet; 1890 wurde der Allgemeine Deutsche Lehrerinnenverein (ADLV) gegründet. Der Lehrberuf wurde als standesgemäße Erwerbstätigkeit für bürgerliche Frauen angesehen. Gleichzeitig entstanden auch Lyceen, eigenständige Mädchenschulen, in denen Mädchen das Abitur machen konnten. Heute ist der überwiegende Teil der Lehrer, vor allem in Grundschulen, weiblich.

Juristin

Juristinnen können Rechtsanwältinnen, Notarinnen, Staatsanwältinnen und Richterinnen sein. Sie arbeiten in Anwaltskanzleien, Rechtsabteilungen von Firmen und bei Gerichten. Voraussetzung für alle Berufe ist Abitur und Jurastudium.
Von den in Deutschland im Jahr 2002 in der Rechtspflege beschäftigten Personen waren 48.914 Frauen. Darunter waren 6291 Richterinnen, 7651 Rechtsflegerinnen, 1699 Staatsanwältinnen, 367 Amtsanwältinnen, 31846 Rechtsanwältinnen, 749 Anwaltsnotarinnen und 311 Notarinnen.[38] Nur ca. 30% der Richterstellen in Deutschland sind mit einer Frau besetzt, die meisten bei Verwaltungs- (811) und Sozialgerichten (437). Wenn Frauen Jura studieren, entscheiden sie sich oft für den Beruf der Rechtsanwältin.

Emily Kempin-Spyri (19.4.1853–12.4.1901), eine Nichte der Schriftstellerin Johanna Spyri, war die erste europäische Juristin. Sie promovierte magna cum laude mit 34 Jahren an der Universität Zürich, war mit einem Pfarrer verheiratet und hatte drei Kinder.Sie wurde angefeindet und verspottet und das Recht, den erlernten Beruf auszuüben, wurde ihr verweigert. So übersiedelte sie 1888 mit ihrer Familie nach Amerika. Sie wurde Dozentin und Mitbegründerin der ersten juristischen Frauenfakultät an der New Yorker Universität. Nachdem sie aus familiären Gründen in die Schweiz zurückkehrt war, durfte sie zwar als Privatdozentin arbeiten, eine Zulassung als Anwältin wurde ihr jedoch nach wie vor verweigert. Ihre Ehe zerbrach, die ständigen finanziellen Schwierigkeiten zermürbten sie. Sie erlitt einen Nervenzusammenbruch, wurde 1897 in die Irrenanstalt Friedmatt in Basel eingeliefert und 1898 entmündigt – im gleichen Jahr, in dem das Gesetz erlassen wurde, das Frauen die Ausübung des Anwaltsberufs erlaubte. Im Alter von 48 Jahren starb sie in der Anstalt an Krebs.

»Im Falle relevanter Entschlüsse macht Macht einsam – egal ob Mann oder Frau« (OLG-Präsidentin Paulsen, anlässlich der Podiumsdiskussion »An Macht wachsen« im Düsseldorfer Rathaus (Rheinische Post, 10.12.2002)

Die vermutliche älteste Erwähnung einer Frau als Richterin ist Debora, eine Prophetin in Israel. Sie wohnte zwischen Rama und Bethel in der Berggegend von Ephraim, wo sie unter einer Palme saß. Dorthin kamen die Söhne Israels zu ihr zum Gericht.[39]
Sandra Day O'Connor wurde 1981 von Präsident Ronald Reagan als erste Frau in das Richteramt am U.S. Supreme Court berufen. Mit 16 Jahren ging sie zum Studium an die Universität von Stanford. Sie absolvierte ihr Jurastudium in nur zwei Jahren. Trotz ihrer guten Ausbildung fand sie in ihrem Beruf keine Stelle und arbeitete als Anwaltssekretärin, bis sie sich entschloss, sich selbstständig zu machen. Nach einer fünfjährigen Auszeit, in der sie sich mit der Erziehung ihrer Kinder beschäftigte, ging sie in ihren Beruf zurück und begann eine politische Karriere. Sie wurde Senatorin und schließlich Richterin. Es dauerte nur drei Jahre, bis sie an den Supreme Court berufen wurde.
Shirin Ebadi wurde 1947 in Teheran geboren, sie war von 1975 bis 1979 als eine der ersten Richterinnen des Landes Vorsitzende des Gerichtshofs in Teheran. Nach dem Sturz des Schahs und der Machtübernahme durch die Mullahs verlor sie ihre Stellung. Sie ist Mutter zweier erwachsener Töchter und lehrt an der Universität in Teheran. 2003 wurde sie mit dem Friedensnobelpreis ausgezeichnet.
Anne-José Paulsen wurde im Frühjahr 2002 Präsidentin des Oberlandesgerichts in Düsseldorf und die erste Frau in der hundertjährigen Geschichte des OLG: dort ist sie Vorgesetzte von 1200 Richterinnen und Richtern, dazu kommen mehr als 5.400 Mitarbeiterinnen und Mitarbeiter im gesamten Bezirk. Am Gericht selbst sind ca. 500 Personen beschäftigt.

Naturwissenschaftlerinnen und Technikerinnen

Anmerkungen siehe S. 102/103

Im Wintersemester 2003/2004 waren 50,6% der Studienanfänger Frauen. Bei den Studiengängen Rechts-, WIrtschafts- und Sozialwissenschaften lag der Anteil der Studentinnen mit knapp über 30% fast gleich mit dem der männlichen Studenten. Bei den Sprach- und Kulturwissenschaften überwiegen die Frauen – mit ca. 33% ist ihr Anteil mehr als doppelt so groß wie der ihrer männlichen Kommilitonen. Anders sieht es nach wie vor bei den Natur- und Ingenieurwissenschaften aus: 21% der Studenten belegen ein naturwissenschaftliches Fach, aber nur ca. 13% der Frauen. 25% männlichen Studenten der Ingenieurwissenschaften stehen 6% Frauen gegenüber.[40] Kritiker des Bildungssystems führen dies u. a. darauf zurück, dass die Koedukation es Mädchen erschwert, sich für naturwissenschaftliche Fächer zu interessieren. Mathematik und Physik würden nach wie vor als »Jungenfächer« betrachtet, Mädchen müssten mit den Jungen konkurrieren, auch würden sich die Unterrichtsmethoden stärker an den Interessensgebieten von Jungen orientieren. In reinen Mädchenschulen – so die Experten – falle dieser Aspekt weg. Tatsächlich wählen dort mehr Mädchen naturwissenschaftliche Leistungsfächer als in gemischten Klassen. Wie positiv sich ein bildungsfreundliches Umfeld auf Berufswahl und Leistung auswirken kann, beweisen zwei berühmte Frauen des 20. Jahrhunderts, die beide die höchste Auszeichnung für Wissenschaftler erhalten haben: Marie Curie und ihre Tochter Irene Joliot-Curie. Marie Curie erhielt – als einzige Frau bisher – den Nobelpreis zweimal: 1903 für Physik und 1911 für Chemie. Irene Joliot-Curie trat erfolgreich in die Fußstapfen der Mutter und wurde 1935 ebenfalls mit dem Nobelpreis für Chemie ausgezeichnet.

Naturwissenschaftlerinnen gab es schon in der Antike, z. B. Aglaonike (bzw. Aganike, 6./5. Jh. v. Chr.). Die griechische Astronomin war der Überlieferung zufolge bereits in der Lage, Mondfinsternisse vorher zu berechnen. Sie galt deswegen als Zauberin und zog sich den Zorn der Götter zu. Im 4. Jh. n. Chr. lebte Hypatia von Alexandria. Die griechische Mathematikerin und Philosophin studierte im berühmten Museion von Alexandria und wurde später sogar Vorsteherin der neoplatonischen Schule. Dass Frauen Philosophen wurden, war damals mehr als ungewöhnlich. Hypatia veröffentlichte mehrere bedeutende philosophische und mathematische Werke, u. a. über Arithmetik und Geometrie und zur Konstruktion eines Astrolabiums, eines wissenschaftlichen Instruments für die Astronomie und eines Hydroskops.

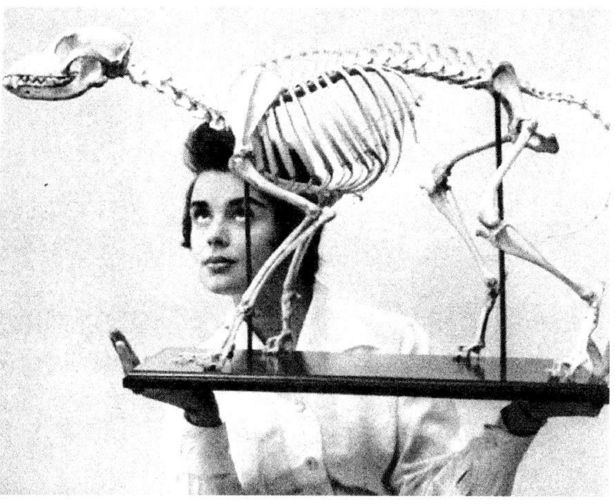

Berufsbild der Tierärztin 1962

In der Neuzeit waren es Frauen wie Lucrezia Cornaro Piscopia (1646-1684), Tochter eines ehrgeizigen Vaters, die sich mit ihrer Gelehrsamkeit einen Namen machten. Schon als Kind sprach sie mehrere Sprachen und erhielt darüber hinaus eine umfassende Ausbildung. Sie studierte an der Universität von Padua, promovierte 1678 in Philosophie und hielt dort Vorlesungen in Mathematik. Die in Bologna geborene Laura Bassi (1711-1778) war eine der ersten Frauen, die sich mit Experimentalphysik befassten. Sie wurde Ehrenmitglied der Akademie der Wissenschaften und erhielt den Doktorhut. Mir 21 Jahren war sie Universitätsprofessorin für Philosophie. Sie war die erste Wissenschaftlerin Europas mit einer institutionell abgesicherten Position, die mit ihrer Arbeit Geld verdiente.
Maria Gaetana Agnesi (1718-1799) war das älteste von 21 Kindern eines Mailänder Seidenhändlers. Eigentlich wollte sie Nonne werden, leitete jedoch nach dem Tod der Mutter im Jahre 1732 den Haushalt und unterrichtete ihre jüngeren Geschwister. Sie veröffentlichte mehrere wissenschaftliche Arbeiten, darunter ein Mathematiklehrbuch, das sie beim Unterricht verwandte. Es basiert auf den Erkenntnissen der neuen Mathematik nach Leibniz und Newton und brachte ihr viel Anerkennung ein. Im gleichen Jahr 1748 übernahm sie die Mathematik-Vorlesungen ihres Vaters an der Universität von Bologna. 1752 berief Papst Benedict XIV sie auf den dortigen Lehrstuhl für Mathematik und Naturphilosophie. Danach zog sie sich jedoch bald zurück, wurde Nonne und gründete in Mailand ein Altersheim, das sie bis zu ihrem Tod leitete. In Deutschland wurde zur gleichen Zeit Caroline Lucretia Herschel (16.03.1750-9.1.1848) geboren. Die Astronomin arbeitete zusammen mit ihrem Bruder, William Herschel, betrieb jedoch auch eigenständige astronomische Forschungen. Zwischen 1783 und 1797 entdeckte sie drei galaktische Nebel und acht Kometen.

Die Biologin France Bourély nennt ihr Elektronenmikroskop »Mikronautilus«, weil es für sie »wie ein Raumschiff in den Mikrokosmos ist«. (Der Spiegel, 41/2002)

Im 19. Jh. entsprachen gelehrte Frauen noch weniger als zuvor dem propagierten Weiblichkeitsideal. Sie wurden höchstens als Gehilfinnen geduldet, an einer wissenschaftlichen Weiterqualifikation wurden sie gehindert. So stellte der Bonner Zoologe Hubert Ludwig z. B. 1899 Maria Gräfin von Linden (1869-1936) als erste weibliche Assistentin ein, verhinderte jedoch später ihre Habilitation. Ähnlich erging es der Mathematikerin Emmy Nöther (1882-1935). 1907 hatte sie summa cum laude zum Dr. phil promoviert. Am 20. Juli 1915 stellte sie als erste Frau Deutschlands einen Antrag auf Habilitation. Die Einleitung des Verfahrens wurde vom Ministerium verboten.
Nöther hielt trotzdem ihre Antrittsvorlesung über Invariantentheorie im Herbst 1915. Angekündigt wurde sie so: »Prof. David Hilbert mit Unterstützung von Frl. Dr. Nöther«. Sie korrespondierte mit Einstein, der es als große Ungerechtigkeit bezeichnete, dass ihr die Lehrerlaubnis vorenthalten wurde. Erst 1919 durfte sie erstmals eine Vorlesung unter ihrem Namen abhalten, 1922 wurde ihr der Titel »Außerordentlicher Professor« verliehen, für den sie keine Vergütung erhielt, erst 1923 erhielt sie einen Lehrauftrag und damit auch Geld für ihre Arbeit.
Jahrzehntelang forschte die Atomphysikerin Lise Meitner (1878-1968) zusammen mit Otto Hahn. An der Entdeckung der Kernspaltung war sie maßgeblich beteiligt, jedoch hatte sie keinen Zutritt zu den Experimentierräumen der Berliner Universität und musste das Gebäude durch einen Nebeneingang betreten, weil der damalige Laborleiter etwas gegen Frauen in der Forschung hatte. Vier Jahre arbeitete sie ohne Bezahlung; in dieser Zeit veröffentlichte sie zusammen mit Hahn mehrere Publikation über Radioaktivität. Erst 1922 konnte sie sich habilitieren, 1926 wurde sie außerordentliche Professorin für experimentelle Kernphysik. 1944 erhielt Otto Hahn für die Entdeckung der Kernspaltung den Nobelpreis für Chemie. Lise Meitner erhielt keinen Anteil daran. 1992 wurde ein neu entdecktes Element, das Element 109, nach ihr benannt.

Ausgezeichnete Frauen und Patente Frauen

Anmerkungen siehe S. 102/103

Preisträgerinnen

Der Nobelpreis wird jährlich für herausragende Leistungen in den Bereichen Medizin, Chemie, Physik sowie Literatur verliehen. Darüber hinaus wird der Friedensnobelpreis an Personen vergeben, die sich in besonderer Weise für Frieden, Menschenrechte und Umwelt eingesetzt haben.
Seit Beginn wurden insgesamt 34 Nobelpreise an Frauen verliehen: Zehn für Literatur – in diesem Jahr, 2004, an Elfriede Jelinek, zwölf Friedensnobelpreise, sieben für Medizin, nur drei für Chemie und nur zwei für Physik. Als einzige Frau erhielt Marie Curie den Nobelpreis zweimal: für Chemie und für Physik. Die andere Physikpreisträgerin ist die Atomphysikerin Marie Geoppert-Mayer, die den Preis 1963 erhielt. Dorothy Crowfoot-Hodgkin erhielt 1964 den letzten Chemie-Nobelpreis. Seit 40 Jahren ist keine Frau mehr mit den Nobelpreisen für Physik und für Chemie ausgezeichnet worden. Den einzigen Medizin-Nobelpreis, der bisher an eine deutsche Wissenschaftlerin ging, erhielt 1995 Christiane Nüsslein-Volhard für Entdeckungen zur genetischen Kontrolle der frühen Embryonalentwicklung. 2004 erhielt die Amerikanerin Linda Buck den Medizin-Nobelpreis. Den 1969 neu gestifteten Preis für Wirtschaftswissenschaften hat bisher noch keine Frau erhalten. Der Friedensnobelpreis 2004 wurde an die afrikanische Biologin und Veterinärärztin Wangari Muta Maathei vergeben. Die Nigerianerin ist die erste promovierte Biologin Ostafrikas und setzt sich für Umweltprojekte, Frauen- und Menschenrechte in ihrem Land ein.
Daneben gab es, wie es das Beispiel Lise Meitner zeigt, preisverdächtige Naturwissenschaftlerinnen, wie auch die amerikanische Radioastronomin Jocelyn Bell Burnell, geb. 1943, die mehrere Pulsare entdeckte. Den Nobelpreis für Physik erhielt 1974 ihr britischer Kollege A. Hewish »für seine entscheidende Rolle bei der Entdeckung der Pulsare«.
Viele Wissenschaftlerinnen haben Großes geleistet, ohne dass ihre Arbeiten einer breiteren Öffentlichkeit bekannt wurden. Tilly Edinger (1897-1967) z. B. erforschte am Senckenbergischen Naturhistorischen

Museum in Frankfurt/Main die Gehirne ausgestorbener Wirbeltiere und begründete mit ihrer Arbeit die moderne Paläoneurologie.
Auch der erste Programmierer war eine Frau: Ada Augusta, Countess of Lovelace (10.12.1815-27.11.1852), war eine Tochter von Lord Byron. Ihre Gesellschafterin, Mary Somerville, führte sie in die Mathematik ein. Sie übersetzte Texte über die von Charles Babbage erfundene doch nie gebaute Analyse-Maschine, deren Prinzip sie weiterführte. So erfand sie das Zählregister für iterative Abläufe, entwickelte ein binär-arithmetisches Rechenverfahren und dachte sich programmiertechnische Verfahren aus, die erst mit den heutigen Möglichkeiten umgesetzt werden konnten und EDVler noch heute verblüffen.

Erfinderinnen

Frauen und Technik, so eine weit verbreitete Meinung, passen nicht zusammen. Die Geschichte beweist das Gegenteil. Viele bahnbrechende Erfindungen wurden von Frauen gemacht. Darunter sind nicht nur wichtige Hilfsmittel des täglichen Lebens, wie z. B. Wegwerfwindel und Kaffeefilter; der Scheibenwischer, der zusammenlegbare Fallschirm, eine Funkfernsteuerung für Torpedos und die erste Computersprache wurden von Frauen erfunden. Häufig wurden die Namen der Erfinderinnen vergessen bzw. ihre Erfindungen wurden einem Mann zugeschrieben, weil die Anmeldungen unter dem Namen des Ehemannes erfolgt waren.
Die Patentgeschichte reicht bis ins 16. Jahrhundert zurück. Bis 1852 wurden nur 62 Anmeldungen in England von Frauen verzeichnet, nach 1852 waren es zwei Prozent aller Patentanmeldungen, 1898 wurden 638 von 27 639 Anmeldungen von Frauen eingereicht. Durch ein Gesetz von 1870 wurde den Frauen das Eigentumsrecht an eigenem Einkommen zugestanden. Vorher war alles, was die Frau in die Ehe brachte bzw. erwirtschaftete, automatisch Eigentum ihres Ehemannes gewesen, also auch evtl. Einnahmen aus Verkäufen von Patenten. Aufgrund dieser Rechtslage kam es mitunter vor, dass Erfindungen von Frauen von Männern einfach für sich reklamiert bzw. gestohlen wurden. So erging es der Amerikanerin Margaret Knight aus Boston, Massachusetts. Sie hatte eine Maschine zur Herstellung von Papiersäcken mit flachem Boden erfunden. Sie brachte den Diebstahl ihrer Idee vor Gericht. Ihr Kontrahent versuchte den Richter davon zu überzeugen, dass die Maschine so gut sei, dass sie unmöglich von einer Frau erfunden

worden sein könnte. Das Gericht schloss sich dieser Meinung jedoch nicht an und erteilte Knight das Patent. Als sie 1914 starb, war sie Inhaberin von 26 Patenten. Die von ihr erfundene Maschine ist bis heute weltweit in Gebrauch.[41]

Weibliche Erfindungen sind – wie bei den Männern – fast immer das Resultat von Überlegungen, wie das Ergebnis der alltäglichen Arbeit verbessert werden könnte. Solche Erfindungen entstehen aufgrund von Beobachtungen und Bedürfnissen; andere sind durch zielgerichtete Forschung und akademische Arbeit entstanden. Melitta Bentz störte der Kaffeesatz in der Kanne. So brachte sie Löcher in einem Messingtopf an und legte ein Papier als Filter darüber. Der Kaffeefilter war geboren.

Die Sekretärin Bette Graham ärgerte sich über Tippfehler, die sich nicht ausradieren ließen. Sie überstrich sie mit weißer Farbe – und erfand das Tipp-Ex.

Josephine Cochran gab als wohlhabende Frau viele Gesellschaften, bei denen regelmäßig viel Geschirr zu Bruch ging. So konstruierte sie ein mit Fächern unterteiltes Rad, das rotierend in einen motorbetriebenen Waschkessel eingesetzt werden konnte – und erfand den Geschirrspüler.

Auf einer Party spielte 1940 die Filmschauspielerin Hedy Lamarr mit einer silbernen Streichholzschachtel und ihrem Inhalt. Dabei unterhielt sie sich mit dem Musiker George Antheil. Zusammen entwickelten sie die Idee für eine störungssichere Funksteuerung von Torpedos, die zunächst militärisch genutzt wurde und in unserer Zeit die Technologie der modernen Mobiltelefone ermöglicht hat.

Mary Anderson beobachtete im Winter, wie Autofahrer immer wieder aussteigen mussten, um die Frontscheibe sauber zu machen. Sie entwickelte den Scheibenwischer, der mittels eines Hebels vom Innenraum aus bedient werden konnte. Er gehört seit 1913 zur Standardausrüstung jedes Autos.

Die erste deutsche Fliegerin, die Ballonfahrerin Katharina Paulus, faltete erstmals einen Fallschirm zu einem Paket, das sich mittels einer Vorrichtung nach dem Absprung aufreißen ließ. »Paulusschirm« und »Paulushaken« sind heute noch jedem Fallschirmspringer ein Begriff.

Marga Faulstich (1916-1998), Glaschemikerin bei Schott in Mainz, forschte auf dem Gebiet der optischen Gläser und entwickelte 1973 ein hochbrechendes Brillenglas mit extrem leichtem Gewicht. Im Laufe ihrer beruflichen Tätigkeit wurden Faulstrich ca. 40 Patente erteilt.

Von oben:

Frau mit Laster – Dorothee Lindner ist Herrin über einen 40-Tonner (Foto: Kai Kitschenberg, in NRZ, 14.4.2004)

Noch nicht viele wollen Feuerwehrfrau werden, obwohl sie dann Beamtinnen werden.

Frauen in Uniform

Anmerkungen siehe S. 102/103

Lokführerin

Der frühere Traumberuf von kleinen Jungen ist inzwischen zu einem Beruf für Männer und Frauen geworden. Früher konnten sich gelernte Elektriker und Schlosser, die bei der Bahn arbeiteten, auf Wunsch bei entsprechender Eignung zum Lokführer ausbilden lassen; heute führt eine dreijährige Facharbeiterausbildung zum Beruf »Lokführer«. Voraussetzung sind darüber hinaus Eigenschaften wie Pünktlichkeit, Zuverlässigkeit und die Fähigkeit, im Team zu arbeiten – auch wenn der Lokführer bzw. die Lokführerin im Führerstand einer Lokomotive die Verantwortung für den Zug übernimmt und von Fall zu Fall schnell und selbstständig entscheiden muss. Bei der Deutschen Bahn waren 2004 knapp 300 Lokführerinnen, das sind 1,5%, beschäftigt. Über 200 Frauen wurden im Regionalbereich eingesetzt, ca. 20 Lokführerinnen fahren Güterzüge, nur neun sind dem Personen-Fernverkehr zugeordnet. In der Regel verfügen die Lokführerinnen über eine Ausbildung im Eisenbahnbetrieb, einige haben vorher einen Handwerksberuf im Metall- oder Elektrobereich gelernt[42].

Feuerwehrfrau

Etwa seit Mitte der 80er Jahre sind Frauen in diesem Arbeitsbereich tätig. Ob bei Tunnelbränden, Flugzeugabstürzen oder den Anschlägen auf das World Trade Center am 11.9. 2001 in New York – weibliche Feuerwehrleute sind überall dabei. Einige verloren dabei ihr Leben. Bereits während des Zweiten Weltkriegs waren Frauen in vielen Ländern bei der Feuerwehr. 1945 zogen sich die Frauen überall aus diesem gefährlichen Beruf zurück. Als eine der ersten Frauen nach dem Krieg wurde die Amerikanerin Sandra Forcier aus Winston-Salem, North Carolina, 1973 als Polizistin mit der Aufgabe, Feuer zu bekämpfen, eingestellt. Die erste Berufsfeuerwehrfrau der Welt wurde die Amerikanerin Judith Livers, 1974. 2004 gab es in den USA mehr als 6.200 weibliche Berufsfeuerwehrleute.[43]
In der Bundesrepublik müssen Städte mit mehr als 100.000 Einwohnern eine Berufsfeuerwehr haben. In kleineren Gemeinden übernimmt die Freiwillige Feuerwehr die Aufgabe der Brandbekämpfung. Von

den 1.069.765 aktiven Freiwilligen in der BRD waren 61.447 Frauen, die meisten von ihnen in Baden-Württemberg, gefolgt von Bayern, Berlin und Bremen. Nordrhein-Westfalen lag im Ländervergleich mit 1.996 weiblichen Aktiven an achter Stelle. Die größte Berufsfeuerwehr Deutschlands besitzt Berlin.

Zu den Aufgaben der Feuerwehren gehört es, Gefahren für die öffentliche Sicherheit abzuwehren, die durch Brände, Explosionen, Überschwemmungen, Unfälle wie Flugzeugabstürze usw. entstehen. Darüber hinaus ist die Feuerwehr auch bei der Notfallrettung im Einsatz. Die besonderen Anforderungen an körperliche Fitness, die an Feuerwehrleute gestellt werden sowie die Arbeit im Schichtdienst bringen es vielleicht mit sich, dass sich noch nicht viele Frauen für diesen Beruf entscheiden, obwohl Feuerwehrleute Beamte des öffentlichen Dienstes sind.

Anis Gul und Gul Jan sind zwei der ersten sieben Polizeischülerinnen in Kabul.(NRZ, 17.2.2004)

Polizistin

Der Ruf nach Reformen des Strafvollzugs und einer besseren Jugendfürsorge führte Anfang des 20. Jh. dazu, dass erstmals Frauen bei der Polizei eingestellt wurden, die zunächst die Funktionen von Fürsorgerinnen ausübten. Zum 1.2. 1903 stellte Stuttgart als erste deutsche Polizeibehörde eine weibliche Polizeiassistentin ein, die Krankenschwester Henriette Arendt. Bis 1913 stellten 19 deutsche Städte weibliche Polizeiassistenten ein, die jedoch ihren männlichen Kollegen nicht gleichgestellt waren. Sie waren auch nur für Frauen und Mädchen zuständig, für die Prostituierten und die Jugendbetreuung. 1917 waren 36 Frauen im Polizeidienst. Ab 1918 durften die Frauen in einigen Städten Preußens die polizeiliche Vernehmung von Jugendlichen, Frauen und Mädchen selbst

Pauline Gower in dem Report »Aviation as a Career for Girls« In: The Girls Own, April 1935

Voraussetzung für die Bewerbung zur Pilotin

- Abitur
- Deutsch und Englisch in Wort und Schrift
- Min. 1,65 - max. 1,95 m Körpergröße
- Sehschärfe; max. +/- 1 Dioptrin
- Mindestalter 19, Höchstalter 27 Jahre
- Bestandene Eignungsprüfung[5]

durchführen. Die ersten Polizeivollzugsbeamtinnen wurden 1923 in Köln eingestellt, drei Jahre später übernahmen in Frankfurt/Main erstmals Polizistinnen kriminalpolizeiliche Aufgaben. In diesem Jahr, 1926, wurde die Weibliche Kriminalpolizei (WKP) in Berlin gegründet. Gemäß einer Bestimmung mussten die Frauen zwischen 25 und 30 Jahre alt und ausgebildete Wohlfahrtspflegerinnen sein.

Die erste Kriminalbeamtin war die aus Düsseldorf stammende Josephine Erkens, zunächst Leiterin der ersten Preußischen Weiblichen Kripo in Frankfurt; später sollte sie nach Berlin versetzt werden, sie entschied sich aber für Hamburg, wo sie ab April 1927 als Kriminaloberinspektorin angestellt war. In den Jahren nach dem Zweiten Weltkrieg gab es verstärkte Bemühungen, Frauen bei der Polizei einzustellen. Voraussetzung war ein Mindestalter von 23 Jahren und eine abgeschlossene Ausbildung in einem sozialfürsorglichen Beruf. Aufstiegschancen hatten die Frauen bei der Polizei damals nicht. Anfang der 50er Jahre wurden die Polizistinnen zunächst in die WKP übernommen; Mitte der 50er wurden in ganz Deutschland Polizistinnen entlassen, und die frei gewordenen Stellen wurden mit Männern besetzt. Erst seit Mitte der 70er Jahre verrichten Polizistinnen denselben Dienst wie ihre männlichen Kollegen. Als erstes Bundesland stellte Hamburg 1979 uniformierte Schutzpolizistinnen ein, 1982 Nordrhein-Westfalen, Schlusslicht war Bayern 1989.

Heute sind ca. 50% aller neu eingestellten Polizeianwärter weiblich. Einstellungsvoraussetzungen, Ausbildung und Aufgabenstellung sind für Frauen und Männer gleich. Allerdings sind nach wie vor die meisten Führungspositionen von Männern besetzt. 2002 gab es in Nordrhein-Westfalen nur vier Frauen, die ein Polizeipräsidium leiteten.

Pilotin

Bis 1973 stellten Linienfluggesellschaften weltweit nur männliche Piloten ein. Die Amerikanerin Emily Howell Warner war die erste Pilotin einer Airline. Sie trat ihren Dienst am 29. Januar 1973 bei den Frontier Airlines an. Drei Jahre später wurde sie der erste weibliche Flugkapitän. Bei ihrer Pensionierung konnte sie mehr als 21.000 Flugstunden nachweisen.

Der Anteil der weiblichen Flugzeugführer und -kapitäne ist nach wie vor gering: Mit 5% Frauenanteil bei British Airways und 4% bei Air France lagen 2004 England und Frankreich an erster Stelle. 1974 hatte die Air

France die erste Pilotin eingestellt; 2004 beschäftigte sie 165 Flugzeugführerinnen, darunter 100 Flugkapitäne. In Deutschland lag der Anteil der Frauen im Cockpit bei 3,1%. Seit 1986 bildet die Lufthansa Pilotinnen aus. 2004 flogen 103 Pilotinnen für die Fluggesellschaft, 17 von ihnen als Kapitäne. Mit einem Frauenanteil von 4,6% ging die Deutsche BA führend voran, gefolgt von der zweitgrößten deutschen Air Berlin, hier waren es 3,5%. Bei Hapag Lloyd sind 3, bei der LTU 2,5 und bei Condor 2% der Flugzeugführer Frauen.[44] Bei den österreichischen Airlines betrug der Frauenanteil im Cockpit 1,4%. Schlusslicht war Italien, wo noch vor 25 Jahren die Alitalia konstatierte, dass der Beruf eines Piloten nichts für Frauen sei. 2004 waren dennoch 1,24% der Piloten der Fluglinie weiblich.[45] Auch in muslimischen Ländern gibt es weibliche Flugzeugführer: Arabische Fluggesellschaften beschäftigen seit Mitte der achtziger Jahre Pilotinnen wie die Jordanierin Tagrheed Akasheh, Chefpilotin der staatlichen Fluggesellschaft Royal Jordanian. 2004 wurden in China die ersten vier weiblichen Piloten für die zivile Luftfahrt ausgebildet. Voraussetzung für die Bewerbung ist eine Körpergröße zwischen 1,68 und 1,75 m, über 45 kg Gewicht. Die angehenden Pilotinnen dürfen keine körperlichen Gebrechen haben und sollten hübsch sein. In Deutschland müssen PilotenanwärterInnen auch bestimmte Voraussetzungen erfüllen.[46]

Drei starke Frauen der Bundesluftwaffe (von links): Johanna Kinader, Diana Schmidbauer, Kathrin Nusser (RP, 24.2.2003)

Soldatin

Frauen im Militär ist ein seit jeher umstrittenes Thema Jeanne d´Arc? Oder Flintenweib? Wenn Frauen zur Waffe greifen, nicht, um sich selbst zu verteidigen oder zu rächen, sondern als Teil eines Heeres, einer Armee, dann wurde und wird dies in der Gesellschaft, in der es stattfindet, immer kontrovers diskutiert. In bewaffneten Konflikten waren Frauen zu allen Zeiten Opfer. Sie auch als potentielle »Täter« zu sehen, als Soldaten mit dem Auftrag zu erobern und – falls nötig – auch zu töten, passte bis in unsere Zeit hinein nicht zu den tradierten Frauenidealen. Das französische Bauernmädchen Jeanne d´Arc konnte man noch zur Heiligen erklären – aber was tun mit den Frauen, denen die »Gnade der frühen Geburt« in einem wundergläubigen Jahrhundert nicht zuteil wurde? Es gab sie – vereinzelt – zu allen Zeiten. Sie lassen sich finden, auch wenn die Geschichte sie am liebsten vergessen würde.

Catalina de Erauso (1592–1645) hatte wenig Weibliches

Frauen in Uniform

Katharina (Käthchen) Paulus (22. 12.1868–26. 12.1935, Berlin) Die erste deutsche Ballonfahrerin und Fallschirmspringerin war gelernte Schneiderin. 1889 lernte sie den Ballonfahrer Julius Lattemann kennen. Zunächst half sie ihm bei der Wartung seiner Ballone. 1893 in Nürnberg stieg sie zu ihrer ersten Ballonfahrt in die Gondel. Lattemann sprang mit dem Fallschirm ab, und sie landete den Ballon alleine. Noch im gleichen Jahr sprang sie selbst als erste Frau mit dem Fallschirm ab – dies zusammen mit den Pumphosen, die sie dabei trug, schockierte die Nation. Paulus wurde berühmt. Als Lattemann 1894 ums Leben kam, wollte sie ebenfalls ihre Karriere beenden. Aufgrund vieler Zuschriften aus dem In- und Ausland kaufte sie jedoch vier neue Ballone. Zwischen 1893 und 1914 führte sie über 400 Ballonfahrten und 160 Fallschirmabsprünge durch. Trotz mehrerer Unfälle ist sie immer unverletzt geblieben; ein Umstand, der auch der Tatsache zu verdanken ist, dass sie ihre Geräte peinlich genau wartete. Im Ersten Weltkrieg stellte Paulus Ballonhüllen und Fallschirme für die Armee her. Sie erfand das Fallschirmpaket und den "Paulushaken".

Raymonde de Laroche (22.8.1884 – 18.7.1919) war die erste Pilotin der Welt. 1909 nahm sie Flugstunden bei Charles Voisin. Bereits bei ihrem ersten Versuch flog sie einige hundert Meter weit. Am 8.3.1910 bestand sie als erste Frau die Pilotenprüfung. Sie nahm an verschiedenen Wettflügen teil und gab das Fliegen auch nach einer schweren Verletzung nicht auf. 1918 verbesserte sie den Frauenweltrekord im Dauerflug und ein Jahr später den Höhenweltrekord für Frauen. Im gleichen Jahr flog sie als Test-Copilotin. Das Flugzeug stürzte ab, Raymonde de Laroche und der Pilot kamen dabei ums Leben.

Marie Marvingt (29.2.1875–14.12.1963) war die zweite Pilotin Frankreichs. Auf sie geht die Idee zurück, Flugzeuge für die Luftrettung von Kranken und Verwundeten einzusetzen. Sie war von Beruf Krankenschwester und betrieb neben dem Ballonfahren, wofür sie 1909 eine Prüfung abgelegt hatte, mehrere Sportarten. 1910 erhielt sie als einziger Mensch aller Zeiten eine Medaille für alle Sportarten. Am 26.10.1909 fuhr sie als erste Frau mit einem Ballon über die Nordsee nach England. 1911, ein Jahr nach dem Erhalt ihrer Pilotenlizenz, stellte sie den Frauenweltrekord im Weitflug auf. Bei Ausbruch des Ersten Weltkriegs meldete sie sich freiwillig als Krankenschwester. 1915 flog sie als Pilotin Bombenangriffe auf Deutschland. Nach dem Krieg arbeitete sie als Kriegsberichterstatterin in Nordafrika. Ihre Idee der Luftrettung hatte sie nicht aus den Augen verloren. Sie gründete 1929 eine Organisation, die medizinisches Personal für die Flugrettung ausbildete. 1934 erkannte die französische Regierung schließlich die Richtigkeit dieser Idee und beauftragte Marvingt mit der Einrichtung eines zivilen Flugrettungsdienstes. Noch als 80jährige flog sie 1955 mit einem amerikanischen Militärdüsenjäger mit und lernte, einen Hubschrauber zu fliegen.

Hélène Dutrieu (10.7.1877–27.6.1961), die erste belgische Pilotin, flog das erste Mal 1908, ohne vorher eine Flugstunde genommen zu haben und stürzte dabei ab. Da beschloss sie, das Fliegen richtig zu lernen. 1910 machte sie ihren Pilotenschein und flog noch im selben Jahr nonstop von Oostende nach Brügge. Am 19.4.1910 wurde sie die erste Pilotin der Welt, die einen Passagier beförderte. 1911 war sie die einzige Frau bei einem Wettfliegen in Florenz – und gewann. Im gleichen Jahr stellte sie einen neuen Streckenweltrekord für Frauen auf.

Frauen in Uniform

Hedwig Amelie (Melli) Beese-Boutard (13.9.1886–22.12.1925) legte als erste Frau Deutschlands die Pilotenprüfung ab. Zunächst hatte sie in Stockholm Bildhauerei studiert, interessierte sich jedoch sehr für die Fliegerei und studierte ab 1910 in Dresden Mathematik, Mechanik, Schiffsbau und Flugmechanik. Während ihrer Ausbildung zur Piloten wurde sie von ihren männlichen Kollegen angefeindet; als sie einmal abstürzte, lehnte es ihr Fluglehrer ab, sie weiter zu unterrichten. Im Mai 1911 unterzeichnete sie einen Vertrag mit den Rumpler-Werken. Auch hier hatte sie mit Widerstand zu kämpfen. Sogar ihr Flugzeug wurde sabotiert. Mit der Rumpler-Taube bestand sie schließlich ihre Flugprüfung an ihrem 25. Geburtstag. Kurz darauf stellte sie einen neuen Dauerweltrekord und im folgenden Jahr einen neuen Höhenweltrekord für Frauen auf. 1912 gründete sie mit Charles Boutard, ihrem späteren Ehemann, eine Flugschule, die Melli Beese GmbH. Bei Ausbruch des Ersten Weltkrieges wurde sie zusammen mit ihrem Mann verhaftet. Fabrik und Flugschule wurden geschlossen. Als "feindliche Ausländer" durften sie das Gelände nicht mehr betreten. Durch die Bedingungen des Versailler Vertrags konnte Beese-Boutard nach dem Krieg zunächst nicht mehr fliegen; später kam sie mit den neuen Maschinen nicht mehr zurecht. Beese stürzte mit einer Fokker ab und beging anschließend Selbstmord.

Amelia Earhart (24.7.1897–2./3.7.1937) machte zunächst eine Ausbildung als Krankenschwester und arbeitete bis 1918 an einem Militärhospital. Im Herbst 1919 begann sie das Fliegen, nahm Unterricht bei Anita Snook und erzielte kurz darauf den weiblichen Höhenrekord von 14.000 Fuß, der ein paar Wochen später von Ruth Nichols gebrochen wurde. Sie flog als erste Frau über den Atlantik, zuerst nur als Passagier. Am 20.5.1932, fünf Jahre nach Lindbergh, startete sie zu ihrem ersten Alleinflug, bei dem sie mehrere Rekorde brach: sie war die erste Frau, die im Alleinflug über den Atlantik flog, und die erste Person, die diesen Flug zweimal machte – den längsten Nonstop Flug einer Frau bisher und die kürzeste Atlantiküberquerung der Zeit. Bei einem Long-Distance-Flug von Hawaii nach Kalifornien, bei dem bereits zehn Piloten ihr Leben verloren hatten, stürzte Amelia vor der Küste von Howland Islands in den Pazifik. Am Ende ihres Buches *Last Flight,* das ihr Ehemann nach ihrem Tod herausgab, heißt es: "Ich ... bin mir über die Gefahren durchaus bewusst ... Ich will das tun, weil ich es möchte. Frauen müssen versuchen, die gleichen Dinge zu tun, die die Männer versucht haben. Wenn sie dabei versagen, muss ihr Versagen eine Herausforderung für andere sein."

Elly Beinhorn (30.5.190–28.11.2007), eine weitere berühmte deutsche Pilotin, machte 1928 den Kunstflugschein, unternahm Kurier- und Reklameflüge und nahm an Expeditionen nach Afrika und Indien teil, über die sie in Zeitschriften und Büchern berichtete.

Hanna Reitsch (20.3.1912–24.8.1979) schlug 1935 den weiblichen Streckenrekord und war Testpilotin für Segelflugzeuge. Sie regte an, die V1 in eine bemannte Maschine umzubauen und testete die Raketenflugzeuge ME 163, die jedoch nicht mehr zum Einsatz kamen. Am 26.4. 1945 durchflog sie die feindlichen Linien und landete mit ihrem Flugzeug im brennenden Berlin, direkt am Brandenburger Tor, zwei Tage später gelang ihr das Kunststück auch zurück. Da sie nach dem Krieg in Deutschland nicht fliegen durfte, ging sie als Fluglehrerin nach Ghana.

Geraldine Mock war die erste Frau, die im Alleinflug die Erde umrundete. Mit einer gebrauchten Cessna 180 startete sie am 19.3.1964 vom Columbus Airport in Ohio. Die Reise dauerte 29 Tage, 11 Stunden und 59 Minuten. In dieser Zeit legte sie 37.172 km zurück – ein Geschwindigkeitsrekord für Flugzeuge in ihrer Klasse.

»Wir gehorchten dem Ruf der Weite. Mit Gehorsam eigneten wir uns die Anfangsgründe unseres nicht leichten, doch schönen Berufes an ... Wir teilten Freud und Leid und ... gingen den schweren Weg des Krieges.« Marina P. Tschetschenewa, im Vorwort ihres Buches »Der Himmel bleibt unser« (Moskau 1976), aus dem die Abb. übernommen sind.

an sich. Eigentlich sollte sie ins Kloster gehen. Als Junge verkleidet floh sie und verpflichtete sich in Chile als Soldat. Unter dem Namen Alonso Diaz Ramiros de Guzman kämpfte sie gegen die Holländer und schaffte »Frieden« mit den Indianern, indem sie sie pfählen ließ. Erst eine schwere Verwundung brachte es ans Licht, dass sie eine Frau war. Niemand weiß, was aus ihr geworden ist. Man glaubt, sie habe der Teufel geholt.[47]

Johanna Prohaska lebte zur Zeit der Napoleonischen Kriege. Als Junge verkleidet, wurde sie Soldat und ritt mit den Lützower Jägern gegen die Franzosen. Sie fiel in der Schlacht in der Göhrde im Jahr 1813; erst nach ihrem Tod sahen ihre Kameraden, dass sie eine Frau war.[48]

Frauen war der Militärdienst, vor allem mit der Waffe, eigentlich immer verboten. Kriegerische Frauen wie die Amazonen wurden in den Bereich der Mythologie verdrängt. Dabei hatte der griechische Philosoph Platon schon ca. 400 v. Chr. eine ausgeglichene Einstellung zu diesem Thema: » ... die eine Frau ist zur gymnastischen Bildung und zum Kriegshandwerk befähigt, die andere ist unkriegerisch und keine Freundin körperlicher Übungen. So ist auch die eine zum Wächterberuf geeignet, die andere nicht. Wir haben doch auch unter den Männern die entsprechend veranlagten zu diesem Beruf ausgewählt. Also haben Frauen und Männer die gleiche Befähigung zur Bewachung eines Staates. Gleich Befähigten muss der gleiche Beruf zugestanden werden.«[49] Dieser Meinung schloss sich der Europäische Gerichtshof am 11. Januar 2000 an. Der Deutsche Bundestag hatte am 27.10.2000 einer Gesetzesänderung zugestimmt. Nun können Frauen auch Dienst an der Waffe leisten, dieser Dienst ist jedoch freiwillig. 1999 hatte die damals 22jährige Elektronikerin Tanja Keil gegen den Europäischen Gerichtshof geklagt; sie hielt es für Diskriminierung, weil Artikel 12a Absatz 4 Satz 2 des Grundgesetzes Frauen den Dienst mit der Waffe verbietet. Frauen durften in Deutschland bisher nur Sanitätsdienst leisten oder im Musikkorps mitspielen. 1975 waren Ärztinnen und Apothekerinnen als Offiziere im Sanitätsdienst der Bundeswehr eingestellt worden; seit 1991 gibt es weibliche Offiziere und Offiziersanwärter auch im Musikkorps. Spitzensportlerinnen können in der Bundeswehr seit 1992 gefördert werden. 2004 dienten mehr als 10.000 Frauen in der Bundeswehr, und es stehen ihnen alle Waffengattungen und Dienstgrade offen.[50]

Der Sieg über [illegible] war ihr Sieg: [illegible] Männer und Frauen

Es ist bezeichnend für die Unsicherheit, die dieses Thema nach wie vor hervorruft, dass in Diskussionen vor allem ethische Fragen aufgeworfen werden, z. B.: »Können bzw. dürfen Frauen töten?« oder »Darf man Frauen den Gefahren eines Kampfes (einer Gefangennahme usw.) aussetzen?«. Man vergisst dabei, dass im Kriegsfall fast immer die Gesetze der Ethik außer Acht gelassen werden – ohne die Frauen zu fragen, ob ihnen das passt oder nicht. Durch die Ereignisse im Irak-Krieg, wo amerikanischen Soldatinnen erstmals der Vorwurf der Folter gemacht wurde, hat die Diskussion um Frauen im Militär eine neue Brisanz erfahren. Auch früher schon sind Frauen im sogenannten »Ernstfall« mit der Truppe eingezogen worden. Hinterher hat man sich ihrer meistens entledigen wollen. »Flintenweiber« nannte man nach 1918 die Frauen, die während des Spartakusaufstands auf der Seite der Linken mitkämpften. Solche konnten die Nazis später gut gebrauchen, zwar nicht auf der Befehlsebene, aber als »Helferinnen«, Luwahes (Luftwaffenhelferinnen). Bei der Flugabwehr gehörten sie sogar Kampfverbänden an. Gegen Ende des Krieges war ca. eine halbe Million Frauen bei der Wehrmacht.

Im Zweiten Weltkrieg flogen Frauen sogar Kampfflugzeuge – z. B. als Überführungspilotinnen, die Flugzeuge von der Fabrik zu ihren Einsatzstandorten brachten, wie u. a. auch die später mit einem Erotikversand bekannt gewordene Beate Uhse. Als sie erkannte, dass der Krieg verloren war, flüchtete sie mit ihrem Sohn in einem Flugzeug nach England. Auch dort gab es weibliche Überführungspilotinnen. Die RAF (Royal Air Force) beschäftige 150 Frauen in dieser Position. In England bildete Captain Jaqueline Cochran (1906-1980) 1.200 Pilotinnen für Transportflugzeuge aus. Die Amerikanerin stellte mehr Geschwindigkeits-Strecken- und Höhenweltrekorde auf als jeder andere Pilot seit Beginn der Fliegerei. Sie durchbrach auch als erste Frau die Schallmauer in einer F-86. Noch im Alter von 58 Jahren stellte sie in einem Starfighter einen neuen Geschwindigkeitsweltrekord für Frauen auf.

In der Roten Armee kämpften im Zweiten Weltkrieg 800.000 bis 1 Mio. Frauen im Heer, bei den Luftstreitkräften, bei der Flotte und im Innendienst. 1942 wur-

den Spezialeinheiten gegründet, in denen Frauen zu Scharfschützinnen und Fliegerinnen ausgebildet wurden. Frauen flogen als Bomberpilotinnen Einsätze gegen deutsche Städte. Valentina Stepanovna Gryzodubova (1910-1993) befehligte als Pilotin ein komplett aus Männern bestehendes Geschwader.
In den USA war ab 1973 die Zahl der weiblichen Soldaten in den Streitkräften von 55.000 auf 225. 000 angestiegen; mehr als 50% von ihnen waren außerhalb der typisch weiblichen Aufgaben tätig. Der Grund war der Personalmangel durch den Vietnamkrieg. Obwohl Frauen in den USA ihre Leistungen seit langem unter Beweis gestellt hatten – die erste Pilotin flog dort bereits 1911, noch bevor die Frauen das Wahlrecht besaßen – brauchte das Militär 65 Jahre, um das zur Kenntnis zu nehmen. In den 70ern wurden Frauen als Militärpiloten eingestellt, und es war die Navy, nicht die Air Force, die 1974 den Anfang machte und sechs Pilotinnen einstellte. Die Army begann kurz darauf mit dem Training von Hubschrauberpilotinnen. 1976 zog die Air Force nach und ließ Frauen zur Pilotenausbildung zu, allerdings durften sie zuerst keine Kampfeinsätze fliegen. Dies ist seit 1993 erlaubt. Jedoch verloren Pilotinnen schon früher durch Kampfhandlungen ihr Leben. Die erste Pilotin, die während eines Fluges bei einer Kampfhandlung getötet wurde, war Major Marie T. Rossi (32). Am 1.3. 1991 stürzte sie mit ihrem Chinook-Hubschrauber während des Golfkriegs in Saudi-Arabien ab. Im Golfkrieg waren 40.000 amerikanische Soldatinnen im Einsatz. Elf kamen ums Leben.. 2004 waren 19.6% Air Force-Angehörige weiblich, 18.2% der Offiziere waren Frauen.[51]

Als die Bundesregierung das Urteil des Europäischen Gerichtshofs vom 11.1. 2000 annahm, verzichtete man in der Gesetzesänderung bewusst auf Einschränkungen. So konnten sich bereits zum 2.1.2001 Frauen für den Militärdienst bewerben: 253 weibliche Soldaten traten in die Bundeswehr ein: 166 im Heer, 69 bei der Luftwaffe, 18 bei der Marine. 2001 kamen wieder 253 Frauen, die sich auf 152 Heer, 36 Luftwaffe, 65 Marine verteilten. 2001 gab es bei der Marine 637 Frauen, davon waren 32 Berufsoldatinnen. Bei den Bewerbern für eine Offizierslaufbahn war jeder fünfte eine Frau. Lt. Auskunft des Inspekteurs der Deutschen Marine, Hans Lüssow, war der Anteil an geeigneten Kandidatinnen deutlich höher als bei den sich bewerbenden Männern.[52]

Während der Ausbildungen erzielten fast alle Frauen hervorragende Ergebnisse. Eine Soldatin in einer Panzergrenadierkompanie schloss die Grundausbildung als Beste von allen – inklusive der Männer – ab. Alle Frauen legten Wert darauf, genauso behandelt zu werden wie ihre männlichen Kameraden.
Es ist bekannt, dass viele Soldatinnen – vor allem auch in den USA – sich für den Beruf aus wirtschaftlichen Gründen entscheiden. Bei einem ausreichend großen Angebot an Stellen auf dem Arbeitsmarkt würden die meisten von ihnen einen anderen Beruf wählen. Es ist auch eine Tatsache, dass die meisten Soldatinnen innerhalb der Streitkräfte sich für Laufbahnen entscheiden, die nichts mit der kämpfenden Truppe zu tun haben. Die Entscheidung, ob sie für den Beruf geeignet sind oder nicht, sollte ihnen selbst überlassen bleiben.

Katrin Dahlitz – die erste Hubschrauber-Pilotin der Bundeswehr. (RP, 3.4.2004)

Astronautin

Die Schwerkraft überwinden, den blauen Planeten Erde von außen betrachten, den Weltraum erobern: der letzte große Traum der Menschheit. Für einige wenige hat er sich – zumindest teilweise – erfüllt. Im ersten Jahrzehnt des Kalten Krieges, als das Wettrüsten zwischen den USA und der Sowjetunion ständig neue Superwaffen hervorbrachte, begann der Wettlauf zu den Sternen. 1957 schossen die Russen ihren ersten »Sputnik« in den Orbit und lagen mit ihrer Technologie zumindest eine Zeitlang vorn.
Es war John F. Kennedy, der junge, charismatische Präsident der Vereinigten Staaten, der den Ehrgeiz seiner Nation aufstachelte mit der Aussage, alles daran zu setzen, dass ... »noch in diesem Jahrzehnt der erste Mensch auf dem Mond« ankommen würde. Gesagt hatte er es Anfang der 60er Jahre, Wirklichkeit wurde es am 20.7. 1969, als Neil Armstrong als erster Mensch den Mondboden betrat. »Ein kleiner Schritt für einen Menschen, aber ein großer für die Menschheit« ist ein Satz, der heute in jedem Schulbuch zu finden ist. Kaum jemand weiß, dass das vorbereitende Astronautentraining in den Anfangsjahren in Amerika von Männern und Frauen durchlaufen wurde.

Eine der beliebtesten Fernsehserien war 1966 »Raumpatrouille«

25 Frauen waren 1959 unter den weiblichen Piloten der USA für die ersten Tests des Mercury-Programms ausgewählt worden. Jerry Cobb war die erste, die aufgefordert wurde, sich bei der Lovelace-Klinik für Phase Eins der Tests zu melden. Sie hatte bereits über 10.000 Flugstunden aufzuweisen. Die Piloten John Herschel Glenn und Malcolm Scott Carpenter, die dann 1962 als erste US-Astronauten in einer Raum-

Zahlen und Fakten

- Bisher haben 37 Frauen insgesamt 94 Weltraumflüge unternommen (9 % der Astro-/Kosmonauten); zwei Frauen verloren dabei ihr Leben.
- Alle 37 haben Hochschulabschlüsse, darunter 15 in Ingenieurwissenschaften, 14 in Naturwissenschaften, 8 in anderen.
- 27 haben promoviert
- 9 sind habilitiert
- 13 von den 37 Astronautinnen haben militärische Ränge: ein General, drei Oberst, drei Oberstleutnant bzw. Fregattenkapitän, fünf Major bzw. Korvettenkapitän
- 23 Frauen sind verheiratet, zehn ledig, vier geschieden.
- Jede Raumfahrerin betreibt durchschnittlich vier Hobbies, darunter nimmt Fliegen den 1. Platz ein (19 Nennungen), Lesen den 2. Platz (15), gefolgt von Tauchen (10), ein Musikinstrument spielen zehn Raumfahrerinnen. Es folgen verschiedene Sportarten, auch Computer, Backen, Kunstsammeln, Nähen und Stricken, Theater und Briefmarkensammeln sind Hobbys, die Raumfahrerinnen betreiben.
- Die jüngste Raumfahrerin war mit 26 Jahren Walentina Tereschkowa; die älteste war Shannon Lucid; sie war bei ihrem 5. Flug 53 Jahre alt.
- Der längste Flug ist ebenfalls der von Shannon Lucid; 188 Tage arbeitete sie auf der Weltraumstation MIR.
- Der kürzeste Flug ist der von Christa McAuliffe; ihre Raumfähre Challenger explodierte kurz nach dem Start am 28.1.1986. McAuliffe kam dabei ums Leben.
- Den längsten Ausstieg in den Raum vollbrachte Susan Helms am 11.03.2001 mit acht Stunden und 56 Minuten, in denen sie außerhalb ihres Raumschiffs Montagearbeiten ausführte.

kapsel dreimal die Erde umkreisten, hatten beide viel weniger: Glenn hatte 5.000 Flugstunden, Carpenter sogar nur 2.900. Cobb durchlief die gleichen schweren Tests wie die Männer. Sie erzielte so hervorragende Ergebnisse, dass sie für Phase II angemeldet wurde, während die anderen Frauen mit Phase I begannen. Zwölf von diesen und Jerry Cobb haben alle Tests mit sehr guten Resultaten bestanden. Sie wurden vereidigt und wurden die *Mercury 13:* Rhea Allison, Jane Hart, Mary Wallace Funk, Jean Hixson, Myrtle »K« Cagle, Irene Leverton, Sara Ratley, Jan und Marion Dietrich (Zwillinge), Gene Nora Jessen, B. Steadman und Gerry Sloan Truhill. Während die 13 auf die nächste Trainingsphase warteten, beendete die NASA ohne Vorankündigung alle weiteren Tests für Frauen. Das war im Juli 1961. Die Mercury 13 erhielten keine Antwort auf ihre Fragen nach dem Warum – vor allem, weil eigentlich alle Ergebnisse für Frauen im Weltraum sprachen: Es hatte sich herausgestellt, dass sie weniger anfällig für Herzattacken waren, besser mit dem Alleinsein zurechtkamen, mit Kälte, Hitze, Schmerz und Geräuschen. Sie wogen weniger als die Männer, was die Kosten eines Fluges gesenkt hätte (jedes Pfund, das in den Orbit transportiert wurde, kostete damals 1.000 Dollar). Als Grund für die Einstellung wurde schließlich angegeben, dass die Frauen die Jetprüfung der Airforce nicht abgelegt hätten – dies war jedoch damals noch nicht möglich, da die USA die ersten Militärjetpilotinnen erst 1973 ausbildete.[53] Sieben der ehemaligen Mercury 13 beobachteten 35 Jahre später den Raumflug von Lt. Col. Eileen Collins, die am 3.2.1995 als erste Frau die STS-63 Discovery flog. Collins war von 1995 bis 1997 Kommandantin der Columbia und führte in vier Jahren drei Flüge mit Nachtstarts (und einer Nachtlandung) auf Cape Canaveral durch, meisterte lebensgefährliche Zwischenfälle und war 2004 noch die einzige Frau, die als Steuermann bzw. Kapitän drei der 105 Space Shuttle Missionen geflogen ist.[54]

In der Sowjetunion waren dagegen weibliche Militärpiloten schon während des Zweiten Weltkrieges eingesetzt worden. Walentina Tereschkowa (geb. 6.3. 1937) war die erste Frau im Orbit. Sie flog in einer WOSTOK 6, die für weibliche Bedürfnisse extra umgebaut worden war, am 16.6. 1963 in den Weltraum. Vorgesehen war ein »Rendevous« mit dem Raumschiff WOSTOK 5, das der Pilot Waleri Bykowski flog. Bei dem Flug hatte Tereschkowa infolge technischer Mängel mit erheblichen Problemen zu kämpfen. Trotzdem flogen beide Piloten ihren Einsatz erfolgreich: Sie steuerten ihre

Raumschiffe in 200 km Höhe bis auf Sichtweite (4,5 km) aufeinander zu und kehrten dann zur Erde zurück. Bei der Landung war Tereschkowa länger im Weltraum gewesen als alle männlichen US-Astronauten zusammen vor ihr.
Tereschkowa war zunächst Zuschneiderin in einem Reifenwerk gewesen, studierte dann Textiltechnik und absolvierte von 1959 bis 1962 ein Training als Fallschirmspringerin. 1962 wurde sie zusammen mit vier weiteren Frauen unter 400 Bewerberinnen für das weibliche Kosmonautenkorps ausgewählt. 1963 wurde Leutnant Tereschkowa Pilotin der WOSTOK 6. Von 1964 bis 1969 studierte sie Ingenieurwissenschaften an der Shukowski-Akademie der Luftstreitkräfte und dissertierte 1977 über Raumschiffkonstruktion. 1997 wurde sie als General in den Ruhestand entlassen.

Sally Kirsten Ride (geb. 26.5.1951), Pilotin, Professorin und Kinderbuchautorin, war die erste Amerikanerin im Orbit. Sie studierte von 1968 bis 1973 Physik und englische Literatur an der Stanford Universität, war dort von 1975 bis 78 als Doktorandin für Astrophysik beschäftigt und bewarb sich zusammen mit 1.251 Frauen für einen Astronautenlehrgang. Zwischen 1978 und 1983 wurde sie als Flugingenieurin bei der NASA ausgebildet. Vom 18. bis 24.6.1983 flog sie als erste amerikanerische Astronautin an Bord der Challenger mit, bei ihrem zweiten Raumflug als Missionsspezialistin am 5.10.19884 waren erstmals zwei Frauen dabei: Ride und Kathryn Sullivan. Ihre Erlebnisse im Weltraum schilderte Ride 1986 in ihrem ersten Kinderbuch: »In den Weltraum und zurück«. Seit 1999 unterrichtet sie als Ordentliche Professorin für Astrophysik an der Universität von San Diego.
Deutschland hat bis jetzt wenige Astronauten aufzuweisen, jedoch sind darunter auch zwei Frauen: die Wissenschaftlerinnen Dr. Renate Brümmer und Dr. Heike Walpot, die die von der NASA entwickelten Tests bestanden hatten und für Missionen im Spacelab vorgesehen waren. Dr. Walpot wurde am 19.6.1960 geboren, ist Ärztin, erfolgreiche Schwimmerin, war achtmal Deutsche Meisterin, einmal dritte der Europameisterschaft (1977) und ist darüber hinaus Verkehrsflugzeugpilotin. 1992 erhielt sie die Fluglizenz für die Boeing 737. Sie lebt heute in Houston, Texas.

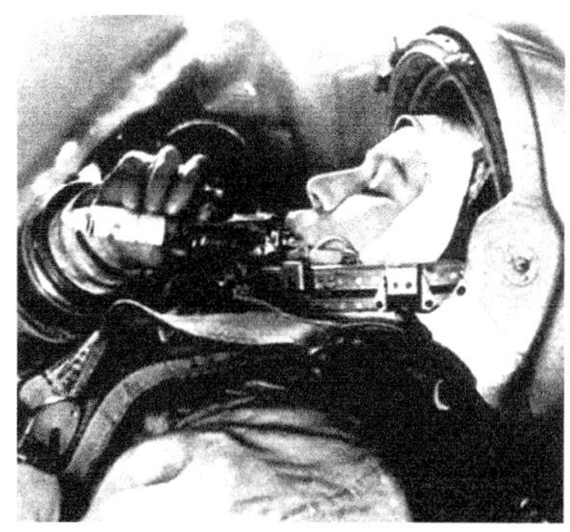

Von oben:

1963 als allererste Frau im Weltraum: die 1937 geborene Valentina Tereshkova

Eileen Collins 1999 als Kommandantin im Cockpit der Columbia

Beide Abbildungen: Horst Hoffmann, Frauen im All (s. Anm:54)

Paratrooper (2001) und Aviator (2004) *Pilotin (1999)* *Police Officer Barbie (1993*

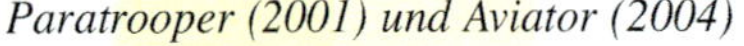

We girls can do anything …

Seit 2003 fährt Barbie als Lokomotivführerin. Feuerwehrfrau ist sie seit den 90er Jahren; als Polizistin macht sie seit 1993 Dienst. Begleitet wird sie auf Streife von ihrem Schäferhund.

Dass das Privatleben dabei nicht zu kurz kommt, beweist das schicke Ausgehkleid in der Packung des Police Officer. Tanzt sie damit auf dem Polizeiball – oder arbeitet sie darin als verdeckte Ermittlerin?

Ihren Pilotenschein besitzt Barbie seit 1999. Ein Flugzeug und eine eigene Fluglinie gehören ihr selbstverständlich auch.

1965, zwei Jahre nach dem ersten Weltraumflug einer Frau, aber 18 Jahre vor der ersten Amerikanerin im Weltraum, flog Barbie bereits als Astronautin, zusammen mit Ken, in den Orbit. Oder war ihr Ziel damals schon der Mond?
… Bis heute war sie noch zweimal Astronautin: 1985 und 1994. Sie ist auf dem Mond gelandet und hat Gesteinsproben mit zur Erde gebracht.

*Von links: Army Barbie (1989); Desert Storm Barbie(1992); Aviator Barbie (2004); Boot Camp Barbie (2000) und SL Ken * (1964) in Army´n Airforce (1963)*

…Barbie in Uniform

Mit der Anfang der 90er Jahre von Mattel gestarteten Marketingstrategie »We Girls can do anything« wurden militärische Berufe auch für Barbie interessant.
In der Stars ´n Stripes-Serie von 1991 trägt Barbie die schmucke Uniform der Navy. Und auch im Marine Corps trägt sie die offizielle Uniform für weibliche Marine-Angehörige; 1992 ist Desert Storm Barbie im Golfkrieg.
Im Boot Camp von 2000 kümmert sich Barbie im Tarnanzug um den Nachschub, als Paratrooper springt sie seit 2001 über Kriegsgebieten ab und als Aviator fliegt sie seit 2004 einen Kampfjet.

Rechts:

Astronaut Barbie (Toys R us, 1994)

Seite 88, unten links:

Swirl Ponytail (1964) in Miss Astronaut (1965)*
SL Ken (1964) in Mr.Astronaut (1965)*

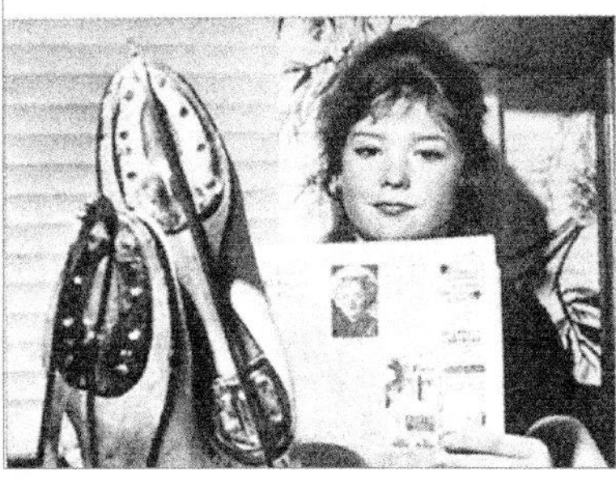

Die deutsche Eisprinzessin Ina Bauer feierte 1963 in den USA Triumphe als Europas beste Kürläuferin. (Praline, 1963)

Sportlerinnen

War in der Antike Frauen sogar das Zuschauen bei Olympischen Spielen verboten, sofern sie verheiratet waren, so stehen heute alle olympischen Disziplinen den Frauen offen. Selbst Sportarten wie Fußball und Boxen, die als »unweiblich« galten, werden heute mit Erfolg von Frauen ausgeübt. Frauen fahren Autorallyes, sie schießen, laufen Marathon. 2004 gewann erstmals die Braunschweigerin Nina Kraft einen der härtesten Sportwettbewerbe der Welt: den Ironwoman.

Sportliche Frauen wurden in den 20er Jahren modern, als mit den langen Röcken viele gesellschaftliche Zwänge fielen. Während des Naziregimes wurde Sport Kult. Die Sportarten, die Frauen ausübten, sollten jedoch »ästhetisch« sein. Tennis und Eiskunstlauf entsprachen diesen Anforderungen. Tennis, der »weiße Sport«, wurde bereits Anfang des 20. Jh. von Frauen ausgeübt. Als Sportart der Reichen und ohne das Medium Fernsehen war er damals jedoch nicht so populär wie heute. Die bekannteste Tennisspielerin in den 20ern war Suzanne Lenglen; doch erst durch Ausnahmesportlerinnen unserer Zeit, wie z. B. Steffi Graf und Martina Navratilova, ist Tennis zu einer der beliebtesten Sportarten geworden. In den 50er und 60er Jahren hatte er noch nicht diese Massenwirkung.
Eine der beliebtesten Sportarten war Eiskunstlauf – in den 50er und 60er Jahren Traumberuf kleiner Mädchen. Ihre Vorbilder waren Ina Bauer, die auch in Eisrevue-Spielfilmen mitwirkte (*Kauf dir einen bunten Luftballon*) und Marika Kilius (geb. 24.3.1943), die zusammen mit ihrem Eislaufpartner Hans-Jürgen Bäumler das Traumpaar auf dem Eis verkörperte. Die beiden gewannen viermal die deutsche Meisterschaft, sechsmal die Europameisterschaft, zweimal waren sie Weltmeister. Bei den Olympischen Spielen 1960 und 1964 wurden sie Zweite. Später wechselten Kilius und Bäumler, wie fast alle Eiskunstläufer, ins Profifach und liefen bei *Holiday on Ice*. Auch sie drehten mehrere Eisrevue-Filme und versuchten sich als Schlagersänger – eine Karriere, die damals außer ihnen auch andere Sportler verfolgten.
In den 80ern war die DDR-Eiskunstläuferin Katarina Witt (geb. 03.12.1965) die beste der Welt. Viermal war sie Weltmeisterin, zweimal Olympiasiegerin, sechsmal Europameisterin. Auch sie wurde Profi, trat in Revuen auf und wirkte in verschiedenen Spielfilmen mit.
Waren unter den Kampfrichtern des Eiskunstlaufs immer auch Frauen, so war der Job mit der Pfeife bei

»Wer heute im Sport etwas werden will, muss alles geben«: Volleyball–Elite Angeline Grün und Judith Sylvester

Mannschaftssportarten wie Fußball viele Jahre eine Männerdomäne. Weibliche Schiedsrichter, vor allem bei großen, internationalen Turnieren der Männer, sind noch immer selten, sie erobern sich jedoch nach und nach die Spielfelder. Am 31.10.1997 in Vancouver pfiff Violet Palmer als erste Frau ein NBA-Spiel im Basketball, Ihre Kollegin Dee Kantner war die erste Frau, die (im September 2000) als Schiedsrichterin in einem olympischen Herrenspiel im Basketball (Spanien gegen Angola) amtierte. Zwei Jahre später war sie auch die erste Schiedsrichterin, die von der NBA gefeuert wurde. Seit 1997 wird der UEFA-Frauenwettbewerb im Fußball auch mit weiblichen Schiedsrichtern bestritten; die Schweizerin Nicole Pétignant, Inhaberin einer FIFA-Lizenz, war im August 2003 die erste Frau, die ein UEFA-Cup-Spiel der Männer gepfiffen hat. Präsenz, sagte Violet Palmer einmal in einem Interview, sei für weibliche Schiedsrichter unabdingbar. »Ich denke, dass ich die auf dem Feld ausstrahle ... Ich war nie ein Mitläufer, ich war immer eine Führungspersönlichkeit. Ich fühle, dass ich auf dem Feld die totale Kontrolle habe. Ich bin in der Verantwortung. Ich kann alles in den Griff bekommen. Ich hab´s.«[55]

Inzwischen ist die letzte Männerbastion in einem sportlich betonten Beruf mit uralten männlichen Ritualen gefallen: Die Stierkämpferin Cristina Sanchez ist der erste weibliche Matador Spaniens. Nur 170 Toreros in Spanien kämpfen in diesem obersten Rang eines Stierkämpfers. Wenn sie die Arena betritt, jubeln die Zuschauer. Ihr Vorbild macht Schule. Immer mehr junge Mädchen lassen sich in den Stierkampfschulen ausbilden.

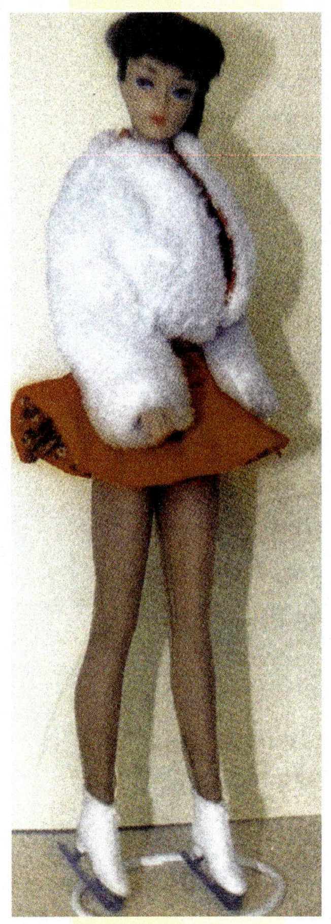

Sportlerin Barbie

Barbie betreibt auch viele Sportarten. In Tennis Anyone bestritt sie Matches von 1962 bis 1964; Icebreaker trug sie in diesen Jahren bei ihrem Eislauftraining, später trat sie bei Revuen wie die Ice Capades auf. Auch als Ski Queen machte eine gute Figur. Im Baseballstadion war Barbie früher nur als Cheerleader (1964–1965) gern gesehen; inzwischen spielt sie Soccer, gewinnt olympisches Gold, ist Betreiberin eines Fitness-Studios und fährt Autorennen.

Oben von links:

Ponytail (1963) in Icebreaker (1962); Bubble Cut* (1963) in Ski Queen (1963), Ferrari-Barbie*

Unten: Die Serie Goldmedal (1975

Rückspiegel

Die Geschichte der Firma Mattel

Das Abbild als Vorbild

Von oben:

Ponytail (1960) im Original-Outfit*

Swirl Ponytail (1964) in On the Avenue (1965)*

Rock Star Barbie (1986)

Die Geschichte der Firma Mattel

Im Jahr 1945 gründeten das Ehepaar Ruth und Elliott Handler mit deren Freund Harold Matson die Firma Mattel. Sie produzierte Bilderrahmen aus Holz und fertigten aus den anfallenden Holzresten Puppenmöbel. Nach wenigen Jahren übernahm Elliott Handler die Leitung der Firma, die sich gut entwickelte – das Sortiment wurde ständig erweitert. Ruth Handler beschloss, eine Puppe in die Produktion aufzunehmen, sie wusste nur noch nicht, wie man diese Puppe gestalten sollte, da es etwas Besonderes sein sollte. Aus ihren Beobachtungen, wie ihre Tochter Barbara mit Papierankleidepuppen das Leben der Erwachsenen nachspielte, entstand diese Idee. Im Jahr 1958 war es endlich soweit, auf einer Europareise entdeckte Ruth Handler in einem Schaufenster die »Bild Lilli«. Nach etwa einem Jahr erhielt sie die Vermarktungsrechte, um die Puppe neu zu gestalten und ihr modisches Umfeld zu erweitern.

Im März 1959 wurde auf der American Toy Fair die Barbie-Puppe erstmalig vorgestellt, sie wurde nach Ruth Handlers Tochter Barbara benannt. Die neuartige Puppe wurde als Teenager-Mannequin-Puppe angeboten, ebenfalls wurden für sie perfekt geschneiderte Outfits gefertigt, die auf der Puppenschachtel als kleine Modezeichnungen aufgedruckt wurden. Barbie wurde in einem schwarz-weiß gestreiften Badeanzug und schwarzen Sandaletten angeboten. Sie war in zwei Haarfarben erhältlich, blond und brünett. Ihr Mohairhaar war zu einem Pferdeschwanz gebunden, und ein lockiger Pony rundete die derzeit moderne Frisur ab. Barbie trug die aktuelle Garderobe führender Modehäuser. Die Modelle wurden von der Designerin Charlotte Johnson aus Los Angeles entworfen. Die Outfits wurden mit maßstabgerechten Reißverschlüssen und Knöpfen versehen, ebenfalls wurden sie mit Seidenfutter gefüttert und bekamen ein entsprechendes Etikett. Nicht fehlen durften passende Accessoires, z.B. Handtaschen, Schuhe, Ketten und weiteres Zubehör.

Die erste Ausgabe der Barbie-Puppe hatte in jeder Fußsohle ein Loch, dieses diente dazu, die Puppe auf den dazugehörigen Ständer zu stecken. Die erste Auflage von ca. 35.000 Puppen wurde innerhalb von drei Monaten verkauft. Im gleichen Jahr folgte die zweite

Auflage, die Ponytail Nr.2, diese Puppe war identisch mit der ersten Auflage. Nur hatte diese keine Löcher in den Fußsohlen, da man den Ständer verändert hatte. Nun wurde die Puppe in der Taille am Ständer befestigt. Ab 1960 folgte die 3. Auflage, das Auge wurde nicht nur schwarz und weiß bemalt, die Iris bekam einen blauen Farbton, ein Lidschatten in blau oder braun wurde aufgetragen. Diese drei ersten Auflagen hatten einen massiven Körper. Die Hautfarbe der Puppen war nicht lichtecht, sie bekamen einen elfenbeinfarbenen Teint. Ab der vierten Ausgabe wurde dies verändert, die verbesserte Farbe veränderte sich nicht mehr. Ab der fünften Auflage wurden die Körper leichter, man war nun in der Lage, Hohlkörper herzustellen.

Jede Barbie-Puppe trägt den Firmen-Namen *Mattel*. Die weitere Markierung besteht aus Copyright mit Jahreszahl für die Patentierungen (nicht Herstellungsjahr!) und das Herstellungsland. Für den Laien ist es schwierig, das Herstellungsjahr zu bestimmen, eine große Hilfe hierfür ist das Herstellungsland:

Japan (1959 – 1972); Mexiko (1968 – 1970);
Taiwan (1968 – 1983; Hong Kong (1979 – 1989;
Korea (1973 – 1978); Philippinen (1975 1987);
China (ab 1983); Malaysia (ab 1985)

Das Sortiment wurde ständig erweitert, 1961 bekam Barbie ihren Freund Ken, 1963 kamen Midge und die Fashion Queen (Perücken-Barbie) hinzu. 1964 folgten Allan und Skipper, 1965 Ricky und Skooter, 1966 Tutti und 1967 Todd. Bis zum heutigen Tag wurde das Barbie-Sortiment ständig erweitert, es gab weitere Familienmitglieder, Freunde, Collector-Puppen und Porzellan-Serien.

Von oben :

Ponytail in Busy Gal (1965)*

American Girl (1965) in Career Girl (1963)*

Dr. Barbie (1996)

Stammbaum

Das Besondere an Barbie ist, dass sie immer aktuell ist, sie trägt die modernste Mode und Frisuren, alle Accessoires sind zeitgerecht und naturgetreu.
Anfang der 60er Jahre trug Barbie weite Röcke und Pferdeschwanz, die Rock´n Roll Zeit war angesagt, Mitte der 60er Jahre wurde die Mode eleganter, der »Jackie-Stil« eroberte die Kleiderschränke, Pillbox-Hüte in allen Farben und Materialien wurden zu jeder Gelegenheit getragen, in den späten 60er Jahren folgte die ausgeflippte Hippi-Mode. Mitte der 70er Jahre brach das Disco-Fever aus, und Schauspielerin Farrah Fawcett-Majors (*Drei Engel für Charlie*) galt als Schönheitsidol. Die Ähnlichkeit mit der Super Star Barbie ist

Barbies Familienstammbaum von 1959 bis 1975

Barbie

Freundinnen	**Familie**	**Freunde**
Midge 1963		Ken 1961
Stacey 1968		Allan 1964
Christie 1968		Brad 1970
P.J. 1969	Skipper 1964	Curtis 1975
Jamie 1970		
Steffie 1972		
Kelley 1973		
Cara 1075		
		Ricky 1965
		Skooter 1965
		Fluff 1971
		Tiff 1972
	Tutti 1966	
	Todd 1967	
Prominente		
Julia 1969		Chris 1967
Truly Scrumptious 1969		Buffy 1968
		Lori 1970
		Angie 1970
		Nan 1970
	Franci 1966	
Twiggy 1967		Casey 1967

nicht zu übersehen. Dieses Modell wurde 1977 in einer Sondergröße von 46 cm angeboten (*Super Size Barbie*), gleichzeitig gab es eine farbige Version (*Super Size Christie*). Natürlich durften hier die passenden Outfits nicht fehlen, ein entsprechendes Angebot an Bekleidung und Schuhen war erhältlich.
In den 80er Jahren überflutete die Jogging- und Fitnesswelle die Menschheit und endete mit den Rockstars. Die ersten *Happy Holidays* und *Dolls of the World* verzierten die Regale und Schaufenster der Geschäfte und Kaufhäuser.
In den 90er Jahren wurden die ersten Porzellan-Barbies angeboten, es handelte sich um Reproduktionen aus den 60er Jahren. Eine weitere Besonderheit waren die *Bob Mackie* Collector-Barbies. Es folgten weitere Sammlerstücke z.B *F.A.O. Schwarz* Collector-Barbies und viele Store Speziales. Alan wurde wieder ins Sortiment aufgenommen, bekam ein neues Aussehen, schrieb sich nur noch mit einem »l« und wurde mit Midge als Hochzeits-Gift-Set angeboten. Eine weitere Neuheit war die *Benetton*-Serie mit speziellen Outfits.

Im Laufe der Jahre wurde Barbie komplett verändert, sie bekam breitere Hüften, teilweise einen lebensechten Bauch und neue Handformen. Das Make up und die Frisuren wurden ebenfalls an die neue Mode angepasst. Natürlich wurde auch das Zubehör aktualisiert, Barbie hat den neusten Computer, kann ihn natürlich auch perfekt bedienen, das modernste Handy und die Digitalkamera. Ihre Schuhe bekommen Plateausohlen und die Hose Schlag.
Die Berufspalette ist unendlich, von Zahnärztin über Pilotin bis zur Lehrerin ist alles möglich. Die neuen *My Scene* Barbies entsprechen der heutigen Jugend bis ins kleinste Detail und sind mit Outfits und Accessoires entsprechend umfangreich ausgestattet.
Über alle Jahrzehnte hinweg wurden prominente Stars, Künstler, Sänger, Schauspieler und viele mehr als Collector-Puppen angeboten: In den 60er Jahren

Twiggy (Fotomodell), Truly Scrumptious (Chitty Chitty Bang Bang), die Krankenschwester Julia (TV-Serie), es folgten in den 70ern die Osmonds (Sänger) mit entsprechenden Moden, in den 90ern die Hollywood Filmlegenden Marilyn Monroe, Elisabeth Taylor, Audrey Hepburn, Frank Sinatra, Elvis, Raumschiff Enterprise, The Wizard of Oz, Barbara Eden (*Bezaubernde Jeanie*) und viele, viele mehr.

Seit Beginn spielt der Sport für Barbie eine große Rolle. Dies ist ebenfalls ein wichtiger Punkt im Leben eines Kindes. Bewegung ist besonders in der heutigen bewegungsarmen Zeit sehr wichtig, auch lernt man im Sport Fairness und Zusammenhalt. Die Sportarten haben sich in der Barbie-Welt wie im wirklichen Leben ständig verändert und erweitert. Erst spielte man Tennis, fuhr Ski und Schlittschuh, ging zum Ballettunterricht, hinzu kamen Tanz, Jogging, Aerobic, Krafttraining, Radfahren, Rollschuhlaufen, Inlineskating, Gymnastik, Baseball und Fußball.
Auch die Olympiade in den 70er Jahren spielte eine große Rolle, ein komplettes Olympia-Sortiment mit Puppen, Kleidung und Zubehör wurde angeboten.

Bereits in den 60er Jahren arbeitete man an Funktionspuppen. Mitte der 60er Jahre bekam Barbie bewegliche Kniegelenke, dann konnte man Haare und Kleidung einfärben. Highlights waren Talking- und Walking-Puppen. Anfang der 70er wurde die erste Living-Barbie (vollbeweglich) produziert.
Weiterhin folgten Growin-Hair Barbie und Francie, Growin up Skipper, Ginger, Quick Curls, Kissing-, Taucher-, Gymnastik-, Ballerina- und Doktor-Barbies. All diese Funktionen wurden ständig erneuert und sind bis zum heutigen Tage erhältlich.

Die Wohnwelt von Barbie ist ebenfalls ein kompletter Zeitspiegel. Häuser, Möbel, Gartenmöbel, Autos, Boote, Geschäfte und elektrische Geräte (TV, Videorecorder, CD- und DVD-Player, Küchengeräte, Kameras usw.) wurden ständig auf den aktuellsten Stand gebracht. So sehen die Kinder die schönen und angenehmen Dinge, z. B. Video, Kamera, Möbel, Autos und schöne Dekogegenstände. Ebenfalls werden sie mit den Tätigkeiten des Alltags – Lebensmittel einkaufen, in der Küche arbeiten, Wäsche waschen, aufräumen – direkt vertraut gemacht.

Barbie ist nicht nur ein kreatives Spielzeug, sondern von Anfang an ein Zeitspiegel. Ihr Erfolg ist auf ihre

Aktualität zurückzuführen. Kinder wollen ständig an der Welt der Erwachsenen teilnehmen. Sie verkleiden sich gerne mit der Kleidung der Eltern, möchten die Stereoanlage oder den Fernseher an- und ausschalten, Kerzen anzünden. Sie versuchen zu schreiben, möchten kochen und nähen. Viele dieser Dinge sind zu gefährlich oder einfach nur von den Erwachsenen verboten, da sonst etwas kaputt gehen könnte. In der Barbie-Welt hat das Kind die Möglichkeit, dies alles ohne Verbote selbst zu erleben und nachzuspielen.

Nachtrag:
Inzwischen hat Mattel weitere aktuelle Themen der heutigen Zeit aufgegriffen, z. B. das der Inklusion, und entsprechende Puppen dazu auf den Markt gebracht. Auch der neue Barbiefilm bleibt selbstverständlich nicht unberücksichtigt.

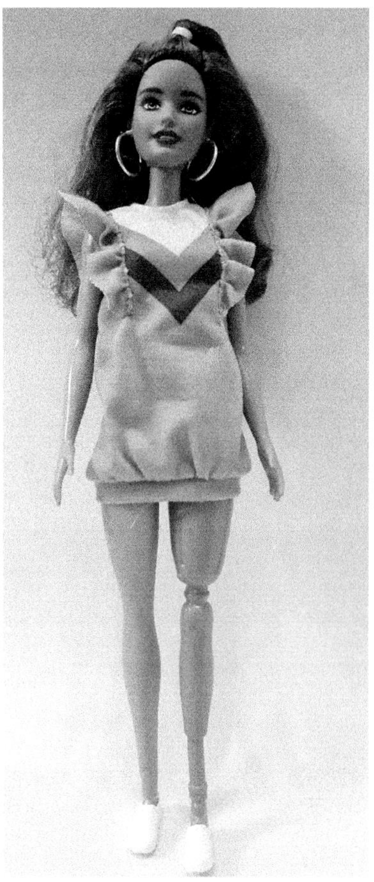

Das Abbild als Vorbild

Der Wunsch, uns selbst und die Welt um uns herum zu verstehen, ist so alt wie die Menschheit. Spiegel sind dabei nur von begrenztem Nutzen, denn sie zeigen uns nie den Menschen, der wir sind. Auf der Suche nach sich selbst entwickelte der Mensch Philosophien und Religionen, und er schuf Dinge, die ihm dabei helfen sollten, das, was ist, zu *be-greifen*. Er wurde selbst schöpferisch tätig, indem er »Menschen machte in unserem (seinem) Bilde«. Er machte sie aus Stein, Ton und Metall. Indem er sie teils vergötterte, teils zerstörte, suchte er seinen eigenen Platz im Universum. Immer wieder stößt man in den antiken Mythologien auf das Phänomen der künstlichen Menschen. In ihnen begegnet der Mensch sich selbst; sie sind sein Spiegel, in dem er Ähnlichkeiten und Unterschiede zu seiner eigenen Person erkennt.

In der »Ilias« berichtet Homer von den goldenen Jungfrauen, die der Schmiedegott Hephaistos als Dienerinnen für sich schuf – dies ist umso interessanter und unverständlicher, weil ihm schließlich die schönste aller Göttinnen, Aphrodite, als Gattin zuteil wurde. Wozu brauchte er diese Mädchen? War seine Frau, die Göttin, so strahlend, dass er sie, wie es später Platon in seinem »Höhlengleichnis« erklärte, nur als Abbild, als »Schatten«, »erkennen« und ertragen konnte? Prometheus bildete Menschen aus Lehm und Wasser und hauchte ihnen Leben ein, auch Pygmalion verliebte sich in eine von ihm geschaffene weibliche Figur und erweckte sie damit zum Leben. Andere künstliche Menschen der Sage haben eine düstere Seite wie der Golem, eine riesige Dienergestalt aus Lehm und frischem Quellwasser, der schweigsam alles tat, was ihm sein Schöpfer befahl und jeden Tag ein Stück größer wurde, bis er eine Gefahr für die Menschen darstellte. Das hebräische Wort »golem« bedeutet »ungeformte, formlose Substanz« und bezeichnet den Körper des Menschen Adam, bevor er durch den göttlichen Atem belebt wurde.
Das ist die Tragik des schöpferischen Menschen: Allen seinen Geschöpfen fehlt der »göttliche Funke«, sie bleiben leblose Dinge. Versucht er, mit den Mitteln des Arztes und der Chirurgie einen künstlichen Menschen zu schaffen, wie in Mary Shelleys Roman »Frankenstein«, so führt das zur Katastrophe. Denn der Schöpfer muss dem Abbild auch Vorbild sein, muss es belehren, ihm Gesetze geben und ihm den

Von oben:

Barbie »Barbie the Movie«

Ken »Barbie the Movie«

Seite 98, von links:

Barbie Inklusion

Curvy mit Höhrgerät

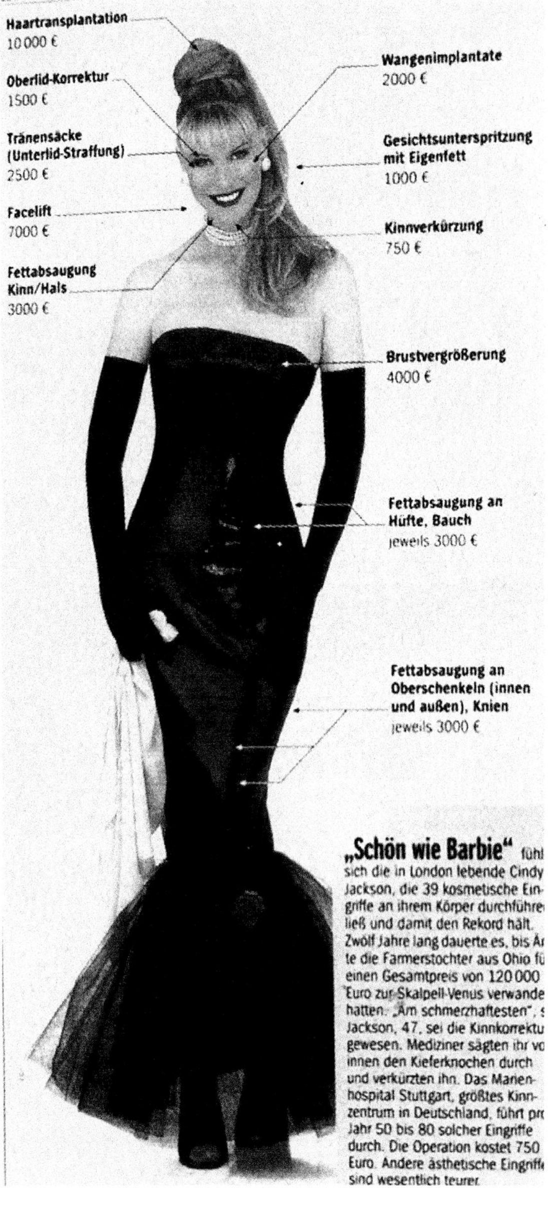

Sinn des Lebens vermitteln. Daran scheitert der Schöpfer-Mensch – weil er es selbst nicht weiß. Das Geschöpf wird zum Monster.
Besser, man entwickelt gleich eine Maschine, die den Menschen nur imaginiert, wie sie E.T.A. Hoffmann in *Der Sandmann* erfindet. In der Geschichte, die später von Jacques Offenbach als *Hoffmanns Erzählungen* vertont wurde, verliebt sich der junge Student in die seelenlose Puppe *Olympia*. Als er entsetzt feststellt, dass sie eine leblose Maschine ist, flieht er. *Olympia* wird zerstört.

Anmerkungen zu einem Phänomen

Was ist es, das Menschen an der Puppe als Mensch bzw. dem Menschen als Puppe so fasziniert? Ist es die allzeitige Verfügbarkeit? Ist es Macht über den »Stellvertreter« des Menschen? Viele Künstler haben mit diesem Thema gespielt; einige sind ihm – beinahe – zum Opfer gefallen.

In den Arbeiten des Fotografen Helmut Newton spielt die Darstellung der Frau als Puppe eine immer wiederkehrende Rolle. Der Maler Oskar Kokoschka ließ sich 1918 von der Münchner Puppenmacherin Hermine Moos eine lebensgroße Puppe mit den Gesichtszügen seiner verstorbenen Lebensgefährtin Alma Mahler machen. Jedoch entsprach das Resultat nicht seinen Vorstellungen. Die Puppe löste keine Gefühle in ihm aus, sie war nicht seine Frau, sie war nicht lebendig. Er verwendete sie als Modell. Nachdem er sie »hundertmal gemalt hatte«, vernichtete er die Puppe.

Eine Psychologin behauptet, Männer, die ihre Frauen »Püppchen« nennen, betrachteten sie als Spielzeug. »Ma Puppele, mein Püppchen«, nannte der Schauspieler Alain Delon in seinem Abschiedsbrief seine tote

ehemalige Verlobte. Wer Romy Schneider in ihren Filmen gesehen hat, kennt ihre Leinwand-Präsenz, die sie so viele Jahre nach ihrem Tod immer noch hat, und weiß, dass sie alles war, nur kein Püppchen. In unserer Zeit, in der das Äußerliche übermäßig stark betont wird, kommt es immer häufiger vor, dass sich schon ganz junge Menschen, vor allem junge Frauen, operativ in eine Person verwandeln lassen, die sie von Natur aus nicht sind.
Einige gehen bei ihrer Suche nach einer eigenen Identität, mit der sie sich einverstanden erklären können, so weit, dass sie sich nach einem künstlichen Menschen, einer Puppe wie Barbie, selbst neu erschaffen bzw. mit Hilfe der plastischen Chirurgie erschaffen lassen. Wie wir gesehen haben, ist dies kein neues Phänomen. Solange Frauen sich in Männeraugen spiegeln, und zwar in Augen von Männern, die zur eigenen Persönlichkeitsfindung die deutliche Abgrenzung von der Frau, der »Puppe«, benötigen, werden sie immer »Püppchen« bleiben. Sie verharren, so wie die Personen in Platons Höhlengleichnis, in ihrer Gefangenschaft, wo die Fiktion für Realität gehalten wird und die Gefangenen unter ihren Ketten nicht leiden, sondern sich sogar noch an ihnen erfreuen.

Kritik ist angebracht – jedoch nicht an dem Abbild, sondern an den Umständen, die es hervorgebracht haben. Sie gilt es zu hinterfragen.

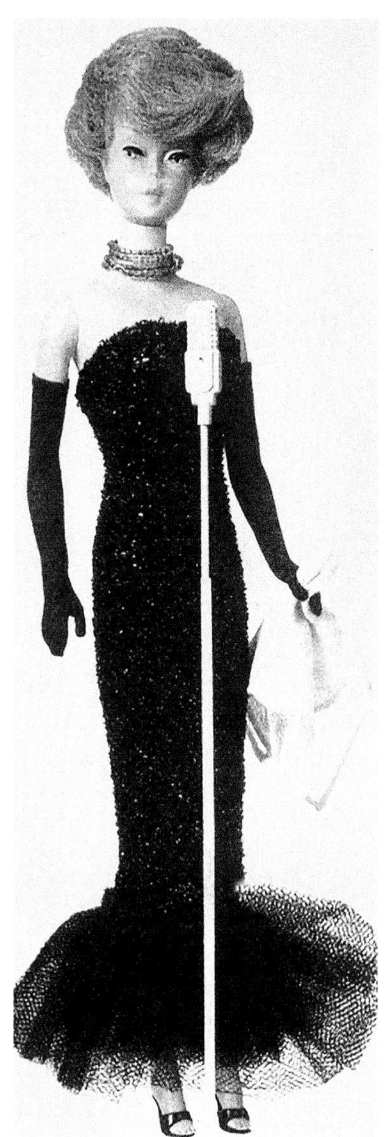

Anmerkungen

*** Typenbezeichnungen:**

PT = Ponytail: Frisur der ältesten Barbies mit Pferdeschwanz und lockigem Pony (ab 1959)
BC = Bubble Cut: toupierte Ballonfrisur der frühen 60er Jahre (ab 1961)
Fashion Queen: Barbie mit modellierten Haaren und beigegebenen austauschbaren Perücken (ab 1963)
Swirl Ponytail: Pferdeschwanzfrisur mit glatter, quer über die Stirn gelegter Strähne (ab 1964)
SL = Straight Leg: starre, nicht in den Knien bewegliche Beine (bei allen frühen Puppen)
BL = Bend Leg (bendable legs): Puppe mit Knickvorrichtung in den Knien (ab 1965)
American Girl: Puppe mit Pagenfrisur (ab 1965);
T'NT = Twist N'Turn: Puppe mit drehbarer Taille (ab 1967)
Flip: Puppe mit Außenrollen-Frisur wie bei Jackie Kennedy.

Kapitel: KÜCHE CONTRA KARIRIERE

1 Noch nach dem Zweiten Weltkrieg verloren viele berufstätige Frauen, z. B. Kindergärtnerinnen, ihre Stellung, wenn sie heirateten bzw. ein Kind erwarteten.
2 Ungleiche Schwestern. Magazin zur Ausstellung im Haus der Geschichte der Bundesrepublik Deutschland, Bonn 1997
3 ebda., S. 10-13
4 ebda, S. 17, 21.
5 Praline Nr. 11 vom 19.5. 1964, S. 47
6 ebda, S. 48
7 Frau im Spiegel, Nr. 13 v. 18.3. 1976
8 ebda., S. 21
9 Praline Nr. 11 vom 19.5. 1964, S. 48
10 Lenor-Werbung der 60er Jahre
11 Gemäß Bürgerlichem Gesetzbuch oblag dem Ehemann, dem »Haushaltsvorstand«, die gesetzliche Vertretung seiner Frau. Sein Name war automatisch der Familienname, er bestimmte den Wohnort und er konnte eine evtl. Berufstätigkeit seiner Frau kündigen. Damit stand das BGB gegen das Grundesetz, in dem die Gleichberechtigung von Mann und Frau verankert war. Dies wurde erst 1957 insoweit geändert, dass der Mann den Wohnort nicht mehr allein bestimmen konnte, auch war seine Zustimmung zu einer Berufstätigkeit der Frau nicht mehr erforderlich. Erst in der Eherechtsreform von 1976 wurde die Gleichberechtigung weitgehend festgeschrieben.
12 Werbung für Vita-Buerlecithin, 1976
13 Leitartikel: Nostalgie. Das Geschäft mit der Sehnsucht, Der Spiegel, Nr. 5, Ausgabe A vom 29.01.1973, S. 88.

Kapitel: TRAUMBERUFE

14 www.leanet.de
15 Als das erste »Fotomodell« der Welt gilt die italienische Gräfin di Castiglione, eine Hofdame am Hofe Napoleons III. Sie ließ sich von dem Fotografen Adolphe Braun in ihren verschiedenen Kleidern ablichten; anschließend erschien ein Buch von ihr mit 288 Abbildungen.
16 Das 24jährige Fotomodell Susanne Erichsen war 1950 die erste *Miss Germany* nach dem Krieg. Nach dem Titelgewinn wurde sie Mannequin (u. a. für den deutschen Modeschöpfer Heinz Oestergaard. Bei ihrer Wahl kam es zu einem Eklat, weil Erichsen schon einmal verheiratet war. Zwei Jurymitglieder verließen unter Protest den Saal.
17 Anfangs waren die Mädchen erst von ihren Agenturen entlohnt worden, wenn der Kunde für die Leistung bezahlt hatte; dies konnte u. U. Monate, sogar Jahre dauern. Nun wurde nach dem Gutschein-System abgerechnet, d. h. die Kunden stellten den Models Quittungen über die geleisteten Arbeitsstunden aus, und die Agenturen rechneten mit den Models am Ende jeder Woche ab. Dieses System ist noch heute üblich.
18 History of Modelling. Vogue.com.
19 Bundesarbeitssgerichtsurteil vom 31.07.2002 (7AZR 140/01).

20 In 15 km Höhe werden alle Personen in einem Flugzeug alle zwei Stunden einer Strahlendosis im Wert einer Röntgen-Aufnahme ausgesetzt. Die kosmische Höhenstrahlung besteht zu 50-70% aus hochenergetischen Neutronen und Protonen, die für den Organismus schädlich sind. Das Fliegende Personal ist die einzige Berufsgruppe, die ständig einer derartigen Strahlung ausgesetzt ist. Die Vereinigung Cockpit, ein Berufsverband von Piloten und Flugbegleitern, fordert deshalb einen erhöhten Strahlenschutz für das Personal.
21 www.jonet.de/jobstart/topjob
22 Siehe Marilyn Monroe im Film »Manche mögens heiß«.

Kapitel: Weibliche Berufstätigkeit

23 Statistisches Bundesamt Destatis 2004, Stand vom 29.3.2003 bzw. 04.04.2003
24 Lt. Informationsstelle für Beratungs- und Vermittlungsdienste (IBV) sind die Unterschiede weniger auf Diskriminierung zurückzuführen, sondern darauf, dass Frauen häufig weniger gut ausgebildet als Männer und im Schnitt weniger lange in einem Unternehmen beschäftigt sind.
25 NRW-Frauenministerin Birgit Fischer, NRZ vom 10.11.2003.
26 Statistisches Bundesamt 11.12.2003
27 In *Frankfurter Illustrierte*, 1956
28 Quelle: Wella-Haarkosmetik
29 Statistisches Bundesamt, 2002
30 Minijob-Zentrale, Bundesknappschaft
31 Quelle: handwerk-info.de 16.7.2001
32 Quelle: handwerk-info.de 8.8./11.8.2003
33 Das ergab eine Umfrage des Ludwig-Fröhler-Instituts zum Thema »Beschäftigungssituation von Frauen im Handwerk«.

Kapitel: Akademische Berufe

34 Von den Frauen gerne gewählt werden dort heute die Studiengänge der Philosophischen Fakultät. 61% der insgesamt 9282 Studierenden sind hier Frauen. Dieses Verhältnis wird nur von der Veterinärmedizin übertroffen, wo 73% der eingeschriebenen Studentinnen sind. Eine Männerdomäne bleiben allerdings die Wirtschaftswissenschaften: Hier sind von insg. 2789 Studierenden nur 25% Frauen.
35 Statistisches Bundesamt, 04.04.2004
36 Rheinische Post vom 05.03.2004
37 Sie gründete den Bund deutscher Pharmazeutinnen.
38 Statistisches Bundesamt, 04.04.2004
39 Bibel: Richter 4-4,5
40 Statistisches Bundesamt, 2004
41 Deborah Jaffé *Ingenious Women. From Tincture of Saffron to Flying Machines*

Kapitel: Frauen in Uniform

42 Auskunft der Pressestelle der DB am 27.01.2004
43 Women Firefighter´s History, www.wfsi.org v. 25.1.2004
44 Aero International
45 APA/dpa
46 Kontaktadresse für Information und Bewerbung: Lufthansa, Pilot Recruitment, BRE NT/A, Verkehrsfliegerschule, www.lufthansa-pilot.de
47 Jean-Francois Chiappe *Die berühmten Frauen der Welt von A-Z*, Somogy-Paris
48 www.sonntagsblatt.de/artikel/1999
49 Platon in *Der Staat*
50 www.bundeswehr.de/forces
51 Military Women Pilots userpages.aug.com
52 General-Anzeiger vom 22.11. 2001
53 Women´s Military History. www.undelete.org/military/astronauts
54 Horst Hoffmann: Frauen im All. Visionen und Missionen der Raumfahrt, Berlin 2002
55 Aus *Referee*, Januar 2000

Das Buch Busy Girl – Barbie macht Karriere hat seit Erscheinen der 1. Auflage im Herbst 2004 bis zum Herbst 2024 Ausstellungen in folgenden Museen begleitet:

Museum der Stadt Ratingen
40878 Ratingen

Städtisches Kramer-Museum
47906 Kempen

Städtische Galerie SOHLE 1
59192 Bergkamen

Stadtmuseum Gütersloh
33330 Gütersloh

Museum Abtei Liesborn
59329 Wadersloh-Liesborn

Burg Vischering
59348 Lüdinghausen

Kölnisches Stadtmuseum
50667 Köln

Dreieich Museum
63303 Dreieich

Emschertal Museum – Schloss Strünkede
44629 Herne

Schloss Wolfenbüttel
38304 Wolfenbüttel

Museum der Stadt Münster
48143 Münster

Stadtmuseum Borken
46325 Borken

Museum Minden
32423 Minden

Museum Hiddenhausen
32120 Hiddenhausen

Tuchmachermuseum Bramsche
49565 Bramsche

Industriemuseum Elmshorn
25335 Elmshorn

LWL-Museum Kunst und Kultur
48147 Münster

Stadtmuseum Alte Burg
19322 Wittenberge

Stadtmuseum Zweibrücken
66482 Zweibrücken

Stadtmuseum Einbeck
37574 Einbeck

Stadtmuseum Aurich
26603 Aurich

Museum Burgdorf
31303 Burgdorf

Stadtmuseum Siegburg
53721 Siegburg

Bergedorfer Museumslandschaft
21029 Hamburg

Niederrheinische Freilichtmuseum
an der Dorenburg
47929 Grefrath

Regionalmuseum Leben und Arbeiten
56355 Nästätten

Bomann-Museum Celle
29221 Celle

Burg zu Hagen
27628 Hagen im Bremischen

Museum Spreewald
01968 Senftenberg

Schloß Senftenberg
01968 Senftenberg

Kreismuseum Zons
41541 Dormagen

Städtisches Museum Kulmbach
95326 Kulmbach

Spielzeugmuseum Ratingen
40878 Ratingen

Kindermuseuem Explorado
47051 Duisburg

Städt. Museum Schloss Bruchsal
76646 Bruchsal

Museumsinsel Stadt Heide
25746 Heide

Ostfriesisches Landesmuseum Emden
26725 Emden

Titelbild (© Foto: Achim Blazy):
Swirl Ponytail in Fashion Editor,
Ponytail in Busy Gal, Anfang 60er Jahre

Fotos (sofern nichts anderes vermerkt wurde):
© Bettina Dorfmann
© Karin Schrey
Abb. S. 9: Das Tableau »Ned Herrmann-Modell, Kreativität und Kompetenz (1989)« ist Bestandteil der Ausstellung BUSY GIRL – BARBIE MACHT KARRIERE.

Die in diesem Buch abgebildeten Puppen, Accessoires und Puppenhäuser gehören Bettina Dorfmann und Karin Schrey.

Die Realisierung der Ausstellung und des Buches wurde dankenswerterweise vom Ministerium für Städtebau und Wohnen, Kultur und Sport des Landes Nordrhein-Westfalen sowie vom Kultursekretariat NRW Gütersloh gefördert.

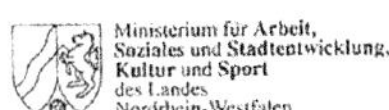

Bibliografische Information der Deutschen Bibliothek
Die Deutsche Bibliothek verzeichnet diese Publikation in der Deutschen Nationalbibliografie; detaillierte bibliografische Daten sind im Internet über http://dnb.ddb.de. abrufbar.

3. überarbeitete Auflage 2023
ISBN 978-3-9824506-6-7

Barbie
THE BABY SITTER
Barbie
Barbie
Gitta will zum Film
HIER IS Barbie
Hotelboy Sabine
REPORTERIN IRENE
BARBIE
Warum so schnippisch IRENE?
Schwesternschülerin Ortrun
Gitta will zum Film
Barbie
REPORTERIN IRENE
Hotelboy Sabine
HIER IS